Le Grand Arbre

PIC

PATSIE

Patsie

BOUBI

HIBOU

LES FRÈRES
LELIÈVRE

TINO ET TITO

ELISE
LÉZARD

RIKI
ÉCUREUIL

MARIA
PANDA

GRIGRI

TEINTURERIE
OURSON

PAULO CRAPAUD
Horloger

LE CHAT

LE LOUP

RENAUD
RENARD

MADAME
OURSON

RATON
TAILLEUR

VERDETERRE

GARDIEN
DE NUIT

BLAIREAU

TRANSPORT
EXPRESS

DOCTEUR
TAUPE

RITA

VICTOR

FIRMIN ET
SES DEUX FRÈRES

Histoires autour du grand arbre

Texte de Laura Magni

Illustrations de Giulia Orecchia

Traduction de Corinne Laporte

DEUX COQS D'OR

Collaboration aux illustrations : Flavia Vanoli

© 1989 Happy Books, Milan
© 1995 Hachette Livre/Deux Coqs d'Or pour la présente édition
ISBN 2.01.392168.3 - Dépôt légal n° 6131 - Septembre 1995
Imprimé en Italie.
Loi n° 49-956 du 16 juillet 1949 sur les publications destinées à la jeunesse.

Le long voyage du vent

Souvent, le vent soufflait sur le Grand Arbre ; parfois, il arrivait de la mer, mais la plupart du temps, il apportait avec lui les odeurs des collines et de la forêt. Mais le vent qui soufflait, ce dimanche-là, était un vent tout à fait particulier : il portait plus de cent valises de nuages... Il faut dire qu'il avait fait un très long voyage à travers les déserts, les océans, les steppes, les prairies et les fleuves.

Quand il arriva au Grand Arbre, le vent était mort de fatigue. Il renvoya les nuages, parce qu'il n'avait pas la force d'ouvrir ses valises. Il s'ébroua et secoua toutes les petites graines, les feuilles, les brindilles qu'il avait ramassées pendant son voyage.

Une de ces petites graines tomba par hasard dans un pot de terre que Riki Écureuil avait rangé sur son balcon en attendant d'y planter des bruyères. Le vent s'en alla... mais la petite graine resta, cachée dans la terre du pot de fleurs.

Et neuf jours plus tard, une plante était née :

une si jolie plante, avec des feuilles légères comme des nuages et des petites fleurs de toutes les couleurs du coucher de soleil... On n'avait jamais vu ça nulle part ! Boubi Hibou voulut

prendre immédiatement la plante en photo, Topie Taupe s'y frotta le bout du nez, Élise Lézard, très émue, versa quelques larmes et dit que c'était aussi beau que dans un film. Mais Patsie Pie, par jalousie, déclara que la plante était fausse : Riki Écureuil l'avait peinte pour se moquer d'eux !

La plante continuait de grandir. Alors, Riki Écureuil en coupa de petites pousses et les planta dans des pots de fleurs. Puis il les donna à tous ses amis. Et le Grand Arbre fut le seul arbre de la forêt à avoir des fleurs aussi belles, d'une toute petite graine qui venait de très loin. Le matin, leurs pétales étaient roses ; le soir, ils devenaient rouge feu. Et tout le monde, dans la forêt, disait que c'étaient les fleurs du vent.

Le retour de l'oncle Mick Mack

De la cave au grenier, dans le Grand Arbre, on ne parlait plus que d'une seule chose : le retour de l'oncle d'Amérique ! Il avait annoncé son arrivée, qui devait se faire après un interminable voyage sur terre et sur mer. Quatre longs mois dans le célèbre train « Turbo-Express » et douze semaines sur le paquebot « Le Radeau Idéal »...

Personne ne savait exactement par quel moyen de locomotion il arriverait au terme de son voyage, et surtout, personne ne savait à quoi il

ressemblait. Car la seule photo que l'on ait pu garder de lui était une photo où il apparaissait, encore dans l'œuf, une minute avant sa naissance... Il avait quitté le pays très jeune avec ses parents. Son père était un ingénieur très recherché dans tous les pays du monde, parce qu'il construisait de superbes galeries pour les castors et les loutres. De l'oncle, on ne connaissait que le nom : Mick Mack.

Le retour de l'oncle Mick Mack était l'événe-

ment de l'année. D'abord parce qu'il n'y avait pas beaucoup de visiteurs étrangers dans le village, et aussi parce qu'on disait que l'oncle était richissime...

Comme on ne savait pas par où il allait arriver, on mit en place tout un plan d'action.

La famille Raton et la famille Poisson-Rouge allè-

rent l'attendre à la gare, avec des paniers remplis de laitues et de fromages.

La famille Verdeterre et les deux frères Lelièvre, accompagnés d'Élise Lézard, allèrent au petit pont sur l'étang.

Renaud Renard, la famille Fourmi et la famille Ourson allèrent l'attendre à l'aéroport avec des

bouquets de fougères et des petits drapeaux bleus.

Riki Écureuil et les petits Taupe, pensant qu'il

viendrait en voiture, se postèrent sur la grand-route, avec un peu de bon vin de framboise.

Vexée que personne ne s'occupe d'elle, Patsie Pie s'envola...

Au Grand Arbre, il ne restait plus que Boubi Hibou, qui dormait, puisqu'il était gardien de nuit et dormait le jour.

Le soleil était très haut dans le ciel, ce jour-là. Au-dessus de l'Arbre silencieux et vide de ses habitants, commença à descendre une superbe montgolfière, portée doucement par le vent. Elle avait les couleurs de l'arc-en-ciel et elle brillait comme le soleil. Elle se posa dans le pré.

L'oncle Mick Mack, très agité, en descendit : c'était une autruche. Il regarda autour de lui... mais il ne vit personne ! Comme c'était un oncle très occupé, il fit signe à un taxi qui passait par là et repartit encore plus vite qu'il était venu. Quand tout le monde revint au Grand Arbre, l'oncle avait disparu ; il ne restait dans le pré que sa montgolfière avec ses initiales brodées sur la toile.

Couki Coucou va chez l'horloger

Paulo Crapaud, horloger réparateur, était capable de tout : il savait faire marcher une montre avec de l'essence, il faisait bouger des aiguilles simplement dessinées sur un cadran, il apprenait à un réveil à dire « tic-tic » aux gens sympathiques, « tac-tac » aux gens antipathiques et « tic-tac » à ceux qui étaient couci-couça.

Ce matin-là, la boutique était remplie de monde.

— Bonjour, dit Paulo Crapaud à Couki Coucou, que puis-je faire pour vous ?

— Il faudrait me faire un petit réglage, dit Couki, parce que je retarde de six heures...

— Comment ? s'exclama Paulo, stupéfait. Je suis réparateur de pendules, pas de coucous !

— Mais je ne suis pas seulement un coucou, je

suis aussi une pendule ! Je donne l'heure à tout le voisinage, au cas où vous ne le sauriez pas...

— Ce qu'il dit est vrai, affirmèrent avec force tous ceux qui étaient dans la boutique. Réparez-le, Paulo Crapaud, sinon ce sera une catastrophe pour nous de vivre avec six heures de retard !

Paulo, qui était un crapaud au cœur d'or, prit sa loupe, ses petites pincettes et examina Couki. Il lui

ajusta une petite roulette derrière l'oreille, lui régla un petit mécanisme dans le bec et lui mit une goutte d'huile d'amandes douces.

— Voilà, c'est tout ce que je peux faire pour vous ! dit Paulo Crapaud.

Couki Coucou le remercia avec effusion et

tout le monde poussa un soupir de soulagement.

Mais les choses n'étaient pas aussi simples...

Quelques jours plus tard, Couki Coucou revint chez l'horloger. Il était dans un état épouvantable.

— Je suis bien malheureux ! C'est encore pire qu'avant : maintenant, j'avance de huit heures et vingt minutes... et les gens n'ont plus le temps de rien faire. À peine ils se couchent, ils doivent se lever... Par pitié, aidez-moi !

En plus de son talent d'horloger, Paulo Crapaud avait une grande sagesse, car il avait lu beaucoup de bons livres. Il lui dit :

— Si vous n'êtes pas capable de vous adapter à l'heure de l'endroit où vous vivez, il faut vivre à l'endroit qui correspond à votre heure.

Il se fit un grand silence, parce que ce discours était un peu compliqué. Alors, Paulo Crapaud alla chercher une mappemonde et montra avec son doigt une île minuscule perdue dans l'Océan.

— Là-bas, dans cette petite île, ils sont en avance exactement de huit heures et vingt minutes sur nous.

— Vous êtes génial ! s'écria Couki avec joie, et il courut faire ses valises. « Petite île, s'il te plaît, attends-moi, j'arrive ! » et il s'envola.

Quand Élise Lézard
se met à pleurer...

Renaud Renard avait un poil magnifique : tantôt frisé, car il se faisait faire une permanente, tantôt lisse. Il avait la malchance d'habiter juste en dessous de l'appartement d'Élise Lézard. Celle-ci avait un faible pour les films tristes et passait des heures devant sa télévision à pleurer comme un chaton abandonné.

Quand c'était l'heure d'un de ses films préférés, du genre « Fais-moi sangloter » ou « Donnons-nous la main pour pleurer », elle arrêtait immédiatement ce qu'elle était en train de faire... et, en général, elle était en train de se faire couler un bain. Et pendant qu'elle pleurait dans son fauteuil en regardant les tristes aventures de ses héros, l'eau de son bain débordait de la baignoire et coulait en petites gouttes régulières juste sur le bureau de son voisin du dessous, Renaud Renard.

Alors le pauvre Renaud devait jeter ses feuilles de papier et ses crayons tout trempés.

Renaud Renard avait tout essayé : les cris, les menaces, les appels aux pompiers... rien n'y faisait ! Le bois de son bureau était tellement imprégné d'eau qu'un matin des petites herbes vertes apparurent. C'était le comble !

Mais lorsqu'il vit la première violette entre les herbes, Renaud Renard fut très ému et il pensa qu'il avait un bureau très original et unique, avec ses petites herbes et ses douces violettes.

Une robe de soirée pour Mme Ourson

Mme Ourson était une ménagère calme et aimable ; mais elle était souvent triste, tellement elle travaillait sans jamais penser à elle...

Elle dirigeait la teinturerie, lavait, repassait, puis recommençait toujours avec les vêtements des autres, jamais avec les siens ! Elle n'arrêtait pas : les cache-oreilles des lapins, les dessus-de-lit des taupes — qu'il fallait en plus raccommoder, parce que les taupes font des trous partout —, les minuscules manteaux des fourmis impossibles à repasser.

Mme Ourson était toujours habillée de la même façon : une blouse grise qui était devenue un genre d'uniforme ; et personne au Grand Arbre ne pouvait l'imaginer habillée autrement.

Cet après-midi-là, en même temps que les chemises des taupes, arriva dans la teinturerie une splendide robe du soir, qu'il fallait rafraîchir un peu... Une robe de soie, fine comme une toile d'araignée, d'un vert printanier... Mme Ourson ne put résister à l'envie de l'essayer ; elle l'enfila, la ferma dans le dos avec une belle fleur jaune, car elle était un peu large pour elle ; puis elle se regarda dans le hublot de la machine à laver et, pour être encore plus élégante, elle noua dans ses cheveux un ruban violet improvisé : la ceinture de l'imperméable de Pic Pivert !

Juste à ce moment, le téléphone sonna.

— Allô, fit une voix grave dans l'appareil, nous organisons une fête... La règle du jeu, c'est de venir tout de suite, habillé comme on est. Si tout le monde joue le jeu, on va bien s'amuser !

C'était Mme Chouette, qui habitait le grenier ; elle avait toujours les idées les plus saugrenues...

Mme Ourson était ravie ! Elle planta là son linge, sa machine à laver, son fer à repasser et elle monta quatre à quatre les marches de l'escalier. Elle entra dans le salon de Mme Chouette et y trouva... Pic Pivert en pyjama rayé, Élise Lézard des bigoudis sur la tête, les petits Raton avec des gants de caoutchouc parce qu'ils faisaient la vaisselle quand Mme Chouette leur avait téléphoné.

Quand Mme Ourson entra, tout le monde s'arrêta de parler. Certains, qui étaient jaloux de sa superbe robe, pensèrent qu'elle était allée se changer à toute vitesse ; mais ceux qui étaient ses amis étaient ravis de la voir si élégante. Celui qui fut le plus heureux, c'est son mari M. Ourson. Il s'était dépêché de revenir de son bureau, en blouse de travail avec des poches pour les crayons, les règles et les ciseaux. Il était si heureux de voir sa femme si belle ! Il avait un peu oublié qu'elle était belle... et il décida de l'emmener danser avec lui le samedi soir suivant.

Mme Chouette, chanteuse d'un soir

Mme Chouette avait un rêve secret : devenir chanteuse et apparaître une fois à la télévision, pour rendre Patsie Pie verte de jalousie. Seulement elle ne connaissait personne dans le milieu de la télévision et elle ne savait même pas où étaient les studios. Mais elle avait beaucoup d'imagination... et la chance d'avoir un mari, Boubi Hibou, veilleur de nuit et photographe à ses moments perdus.

Chouette et Hibou demandèrent à Pic Pivert de les aider ; pour agacer Patsie Pie, il trouvait toujours du temps libre. Pic Pivert alla chercher un vieux poste de télévision que la famille Lechat avait mis à la cave, répara l'écran avec un carreau de verre. Puis il demanda au Docteur Taupe son rasoir électrique, qui avait la forme d'un micro.

Mme Chouette, habillée très élégamment comme pour un spectacle, se plaça devant un rideau imprimé de palmiers et de plages. Pic Pivert souleva le cadre de la télévision à sa hauteur et Mme Chouette commença à chanter dans le rasoir électrique ! Son mari Boubi Hibou la prit en photo...

L'image passa de main en main dans le Grand Arbre ; quand Patsie Pie la vit enfin, elle devint verte de jalousie et de rage et déchira la fameuse photo en mille morceaux.

Un modèle en exclusivité

La famille Raton était toujours la première à se lever le matin. Les sept réveils de la maison — deux gros et cinq petits — à six heures vingt-trois exactement diffusaient une délicieuse odeur de fromage. C'était beaucoup plus efficace qu'une sonnerie, car cela donnait irrésistiblement envie de se lever.

Le soir, les Raton, déjà en pyjama, mettaient leur réveil en position « odeur », chacun sur l'odeur de son fromage préféré ; puis tout le monde allait dormir. Et le lendemain matin, à six heures vingt-trois, alors que les paupières étaient encore lourdes de sommeil et que les petites queues ne s'étaient pas encore agitées, sept museaux — deux grands et cinq petits — émergeaient des draps et reniflaient en direction des réveils.

Mais ce matin-là, les Raton étaient déjà sur pied à six heures moins le quart, et en proie à une vive excitation.

— Dépêchez-vous ! dépêchez-vous ! criait de la cuisine Maman Raton, encore dans sa robe de chambre toute bleue comme ses yeux. Tout le monde à la salle de bains ! Vite, prenez vos brosses à dents et votre dentifrice ! Si vous ne vous lavez pas correctement les dents, vous aurez des dents pleines de caries et petites comme des dents de mouches...

Maman Raton oubliait de dire que les mouches n'ont pas de dents... et sa formule était efficace.

Ses enfants étaient très fiers de leurs dents pointues et les brossaient énergiquement.

Papa Raton était habillé depuis un bon moment. Il était rasé de près et avait déjà pris son petit déjeuner : un bon café d'orge, un jus d'orge et des biscuits d'orge. Il marchait de long en large avec une certaine nervosité, en attendant le rendez-vous de neuf heures quatre minutes.

Ce rendez-vous avait été fixé par la Comtesse Patsie Pie, qui habitait le grand appartement de la dernière branche du Grand Arbre. On disait que son appartement était luxueux, mais en réalité, personne ne l'avait jamais vu.

Lorsqu'elle sortait, la Comtesse s'envolait tout droit de son balcon. Elle ne prenait pratiquement jamais l'escalier, aussi elle fréquentait peu ses voisins, et encore moins la famille Raton, qui habitait à la cave. Mais la renommée de Roger Raton, tailleur, qui s'était rendu célèbre en faisant une paire de bretelles pour le directeur des bateaux-mouches, était parvenue jusqu'au sommet du Grand Arbre. Et la Comtesse Patsie Pie lui avait demandé un « modèle en exclusivité ».

Jusqu'à neuf heures trois minutes, Roger Raton, encouragé dans son effort par sa femme, ses enfants et quelques tasses de bon café d'orge, dessina des modèles et des modèles : robes de grand soir, robes de cocktail, robes pour des occasions tout à fait exceptionnelles, manteaux de pluie, manteaux pour se promener au milieu des nuages — cela arrivait souvent à la Comtesse. Tous « modèles en exclusivité ».

À neuf heures quatre minutes, la sonnette de la porte d'entrée diffusa une délicieuse odeur de fromage râpé...

La famille Raton au grand complet s'immobilisa devant une montagne de dessins de mode.

— Bonjour, vous tous ! dit la Comtesse. Mon modèle en exclusivité est-il prêt ?

Elle restait sur le palier, entrouvrant la porte.

— Oui, oui, répondit vivement la petite Rita Raton. Regardez, Papa vous a dessiné des centaines de modèles, rien que pour vous !

La Comtesse, toujours sur le palier, tendit son bras ganté de soie et attrapa les dessins. Pendant dix minutes, un grand silence régna... Puis on entendit sa voix qui disait :

— Mais je n'en vois pas un seul !

— Pas un seul ? Mais il y en a des centaines... exprès pour vous !

— Je ne saurais vraiment pas quoi en faire ! Je vous ai demandé un MODÈLE EN EXCLUSIVITÉ !

— Mais un modèle... de quoi ? demanda Roger Raton, qui ne savait plus où donner de la tête.

— Mais un modèle de paillasson, évidemment ! Vous comprenez... vous, comme bon nombre de mes amis, vous ne savez pas voler, alors vous

laissez partout des traces de pattes. C'est une horreur pour mes tapis et mes moquettes ! Il me faut absolument un paillasson devant ma porte. Mais je veux qu'il soit unique... comme tout ce que j'ai, d'ailleurs ! Vous ne faites pas de paillassons, peut-être, Roger Raton ? Quel dommage !

Le gant de soie disparut et la porte se referma.

— Un paillasson... vous vous rendez compte ! dit Rita Raton. Un paillasson ! pourquoi pas, dans le fond ? C'est une bonne idée...

Mais personne ne l'écoutait. Toute la famille Raton était tombée dans les pommes, tellement la surprise et l'émotion avaient été fortes. Il n'y avait qu'un moyen pour les ranimer : Rita Raton courut à la cuisine prendre un beau morceau de fromage. La bonne odeur du fromage allait les faire revenir à eux !

Une amitié incroyable

À la maternelle, les petits Hibou sont devenus très amis avec les petits Poisson-Rouge. Cela paraissait tout à fait incroyable, car d'habitude, les chouettes et les hiboux n'ont pas beaucoup de points communs avec les poissons rouges. Mais face à l'amitié, il n'y a pas grand-chose à dire... on s'en étonne un peu, et puis on n'y pense plus !

La famille Hibou avait d'abord relevé le bec pour manifester son mépris face à ces poissons qui ne savent pas voler. Puis les parents se sont décidés à inviter les Poisson-Rouge à prendre le thé. La famille Poisson-Rouge avait d'abord agité les nageoires, en signe de supériorité face à ces oiseaux qui ne savent pas nager. Puis les parents se décidèrent à accepter l'invitation. Les enfants étaient ravis et manifestèrent leur joie, les petits hiboux dans l'air, les petits poissons dans l'eau.

Une telle invitation demande une longue préparation : composer le menu, ranger la maison, imaginer des surprises, choisir une musique d'ambiance. La famille Hibou se mit courageusement à l'œuvre. Le chiffon à poussière fut utilisé activement, les vases furent ornés de fleurs, les nappes bien repassées, les gâteaux cuits au four... bref, leur maison était une pure merveille. Ils s'habillèrent avec leur tenue du dimanche et rangèrent tout ce qui dépassait : balais, plumeaux, essuie-meubles, portemanteaux...

Ils avaient juste terminé leurs préparatifs, lorsque la sonnette de la porte retentit. Sur le seuil

se tenaient les Poisson-Rouge, équipés d'un masque de plongée, d'un tube de caoutchouc et d'une bouteille d'eau.

À cause de ces masques un peu encombrants, les embrassades furent longues et délicates : il n'est pas très facile d'embrasser un poisson avec un masque de plongée... Quant au goûter, c'était encore plus délicat ! Comment faire passer le moindre petit gâteau à travers un tube ?

Les parents Hibou devenaient de plus en plus nerveux et les enfants étaient au bord des larmes. Les Poisson-Rouge, humiliés, se réfugièrent dans la salle de bains et retrouvèrent leur bonne humeur en s'éclaboussant d'eau avec la douche.

— Et moi qui n'ai même pas rangé la salle de bains ! se lamenta Mme Chouette.

Son mari lui donna une petite tape affectueuse dans le cou et lui murmura à l'oreille :

— Et si nous essayions, nous aussi ?

Mme Chouette n'était pas très convaincue ; mais elle aimait tellement quand son mari lui donnait des petites tapes dans le cou ! Elle poussa un soupir résigné et s'assit sur le rebord de la baignoire.

Alors ses petits l'imitèrent et sautèrent joyeusement dans l'eau avec les petits Poisson-Rouge. C'était à celui qui s'amuserait le plus à éclabousser l'autre, à faire des plongeons.

Qui oserait penser que l'amitié entre les hiboux et les poissons rouges est impossible ?

Un portrait inattendu

Riki Écureuil était un écureuil tout à fait exceptionnel. D'abord, il portait des lunettes avec des verres bleutés, ce qui lui faisait voir le monde à travers des nuages bleutés ; ensuite, il faisait de délicieux gâteaux au miel et aux raisins ; enfin et surtout, c'était un grand dessinateur.

Il faisait des dessins pour les enfants, avec des pinceaux ou avec le bout de sa queue trempée dans du jus de fraise ou de myrtille. Il faisait le portrait de tous ses amis. Il décorait les murs de leurs maisons, en peignant dessus des paysages plus vrais que nature : des belles plages de sable blanc avec une mer au bleu profond, des prairies vertes avec de hautes herbes, des montagnes aux cimes enneigées.

Il n'y avait qu'une seule chose qu'il n'avait jamais faite : son propre portrait. Il en mourait d'envie et essaya maintes et maintes fois, sans succès... Il y avait toujours un défaut ou quelque détail qui n'était pas ressemblant. Il se regardait dans la glace, essayait de copier le contour de son museau, de sa queue... rien n'allait jamais et il devait recommencer.

Il était au bord du désespoir et pleurait sans arrêt. Il dessinait encore un peu, mais le cœur n'y était pas. Ses amis étaient inquiets et ne savaient que faire pour lui remonter le moral ; ils lui envoyèrent des petites lettres d'amitié, des biscuits aux noisettes, des écharpes de laine... mais Riki Écureuil était toujours aussi triste.

Une nuit, il se leva pour aller boire un peu de jus de noix, il trébucha et fit tomber tous les cadeaux que ses amis lui avaient envoyés. Il se releva, mit ses lunettes... et que vit-il par terre ? Un magnifique écureuil fait avec les tubes de pein-

ture qui avaient coulé ! Ses yeux étaient les bis-cuits aux noisettes, et sa queue l'écharpe de laine... Quel portrait inattendu, ce portrait fait avec tous les cadeaux de ses amis les plus chers !

La bonne idée des frères Lelièvre

Les deux frères Lelièvre, Tino et Tito, étaient inséparables. Et quand un lapin et un autre lapin sont inséparables, c'est pour la vie.

Le rêve secret de Tino était de devenir pilote de luge ; mais pour participer aux championnats de luge sur grande distance — ces championnats se passent en général sur des étangs gelés — il faut absolument porter un casque de protection. Mais comment y faire tenir des oreilles de lapin ? Tino avait essayé des centaines de modèles ; même s'il pliait les bords, s'il les arrondissait, les faisait descendre dans le cou, les aplatissait, cela ne servait à rien... ses oreilles étaient incasables !

Tito, lui, rêvait de faire les spots publicitaires pour le dentifrice « Dentibril », son dentifrice préféré, au si bon goût de carotte. Mais il ne savait comment cacher ses deux grandes dents qui apparaissaient dès qu'il souriait. il avait fait des centaines d'essais, mais en vain : chaque fois, on voyait ses grandes dents.

Adieu donc aux rêves impossibles ! Les deux frères, un beau jour, cessèrent de se rendre malheureux à cause de leurs oreilles et de leurs dents : ils décidèrent de chercher une idée pour en finir une fois pour toutes avec leurs complexes.

Tino dessina sur son ordinateur une petite troupe de lapins avec des oreilles immenses.

— Ils sont trop mignons ! dit-il, très fier de lui.

Alors, Tito dessina une petite troupe de lapins avec des dents qui n'en finissaient pas.

— Ils sont tellement sympathiques ! dit-il, encore plus fier de lui.

Pour rire, les deux frères commencèrent une bataille de carottes sur l'écran vert de leur ordinateur. L'équipe des Grandes Oreilles contre l'équipe des Grandes Dents.

Ce jeu était très amusant et il eut un énorme succès auprès de tous les amis du Grand Arbre. Tino et Tito se mirent à en inventer des quantités d'autres qu'ils faisaient voir à tout le monde. Et peu de temps après, ils en avaient imaginé tellement qu'ils durent ouvrir un magasin de jeux vidéo. Quelle bonne idée ils avaient eue, ces frères Lelièvre !

Un grand-père au crâne lisse

La fille de Mme Ourson, la petite Tinoune, était fine et délicate comme une fleur de safran et avait des yeux vifs comme des papillons.

Son grand-père, du côté de sa mère, était César Hibou. Le grand-père avait un seul problème dans la vie : il n'avait plus du tout de cheveux. Les autres hiboux, eux, avaient des plumes superbes et touffues, mais lui, le pauvre César, avait un crâne lisse et il en souffrait beaucoup. Aussi ne sortait-il de chez lui que coiffé d'un bonnet de laine.

Mais un jour, César s'endormit doucement dans sa chaise longue et le bonnet glissa de sa tête et tomba... Tinoune s'approcha tout près et regarda le crâne lisse de son grand-père. Il brillait au soleil et reflétait toutes sortes de choses : un bouquet de coquelicots, un verre de jus d'orge, un abat-jour... Et quand le grand-père tournait légèrement la tête dans son sommeil, les images sur sa tête changeaient ; on voyait alors un morceau de gâteau de riz, un petit cartable, un peu de ciel bleu. Tinoune se pencha un peu plus et vit alors le bout de son propre nez, rond comme une pomme de terre, et ses petits yeux vifs.

— Mon cher petit grand-père est le seul grand-père du monde à avoir tout dans la tête !

Et elle l'embrassa. César se réveilla et pensa : « Saperlipopette ! Mais c'est qu'elle a raison ! » Et depuis ce jour-là, il ne remit plus jamais son bonnet de laine et sortit, tête nue, très fier de son beau crâne tout lisse.

La visite de l'Inspecteur

Tito et Tino Lelièvre avaient inventé toutes sortes de systèmes vidéo. Ils ne se tenaient pas de joie quand on leur annonça l'arrivée de l'Inspecteur qui voulait acheter leurs jeux vidéo et les exporter... C'était enfin la chance de leur vie !

Tito et Tino se mirent à travailler comme des fous ; ils inventèrent une sorte de labyrinthe de couleurs, avec des petites boules rouges et argent. Mais juste avant que l'Inspecteur arrive, il y eut une panne de courant, et quand la lumière revint, quelque chose était démoli dans le jeu : on voyait toujours le labyrinthe mais, hélas, plus une seule petite boule de couleur !

Heureusement, Tino avait pour amie, depuis les petites classes, Lucie Fourmi. Il alla la trouver et lui demanda de l'aide.

Lucie fit venir tous ses enfants et les divisa en deux groupes. Les premiers, elle leur badigeonna le dos avec du sirop de framboise, pour qu'ils aient l'air de petites boules rouges ; les autres, elle leur déposa sur le dos une goutte de rosée, pour qu'ils aient l'air de petites boules d'argent. Et ils arrivèrent très vite dans le magasin de Tito et Tino.

À eux tous, ils formaient le plus beau jeu vidéo que l'on puisse imaginer... L'Inspecteur était ravi :

— Je vous en commande tout de suite trois mille copies !

Pouvait-on rêver d'un plus beau succès ?

Topie Taupe met des verres de contact

Topie Taupe, depuis son enfance, n'avait pas une bonne vue ; son frère jumeau, Bel-Œil Taupe, voyait assez bien — pour une taupe, c'est-à-dire assez mal. Leur père, qui était médecin spécialiste des yeux, avait tout essayé pour eux : les lunettes, les jumelles, les longues-vues, les loupes, et même les verres de contact.

Mais il n'y avait rien à faire : Topie continuait de manger l'éponge de la cuisine en pensant que c'était un beau morceau de gruyère... Elle s'obstinait à boire le lait qu'elle croyait voir dans les cendriers... enfin, ce n'était pas vivable.

Sa tante, enfin, lui demanda :

— Pourquoi n'essaies-tu pas les verres de contact avec des moustaches ?

— Des moustaches ? répondit Topie étonnée.

Topie n'en croyait pas ses oreilles.

— Mais naturellement, des moustaches, répliqua sa tante, scandalisée. As-tu déjà vu une taupe sans moustaches ?

La tante était une originale. Mais le Docteur Taupe voulut malgré tout essayer, pour aider sa fille à sortir de ce mauvais pas. Le résultat dépassa ce qu'on pouvait espérer : non seulement Topie ne mangea plus jamais d'éponges et ne but plus jamais le lait des cendriers ; mais surtout, grâce aux moustaches qui étaient attachées aux verres de contact, elle devint célèbre pour ses superbes cils !

Les sœurs Lacane sont de bonnes amies

À une petite distance du Grand Arbre, il y a un joli étang ; à côté est installée une cabane en bambou, très propre, avec une jolie table de verre, transparente comme l'eau, de beaux tapis sur le sol, roses comme des coquillages. Dans cette cabane vivent les sœurs Colette et Paulette Lacane. Elles se ressemblent beaucoup, on pourrait les prendre pour des jumelles ; mais si on regarde bien leur bec, on voit que celui de Colette a une petite tache noire alors que celui de Paulette n'en a pas.

Pic Pivert va souvent leur rendre visite. Ce sont deux sœurs précieuses : Paulette est la reine des comptes et Colette est la reine de la cuisine, particulièrement de la tarte aux orties.

Pic Pivert est un garçon charmant, surtout

quand il ne se lamente pas sur son triste sort
d'amoureux transi de Patsie Pie. Il faut ajouter
qu'il s'embrouille toujours dans ses comptes et
que c'est un fin gourmet. Il ne résiste jamais à la
tarte aux orties... On peut comprendre pourquoi il
rend si souvent visite aux sœurs Lacane. Paulette
met de l'ordre dans ses comptes et Colette lui pré-
pare une délicieuse tarte. Et toutes deux l'écou-

tent patiemment se plaindre de la cruelle Patsie
qui lui a brisé le cœur...

Un après-midi, Pic Pivert se trouva dans un état
désespéré : d'abord, dans ses comptes, deux plus
un faisaient trente-trois ; ensuite, il avait perdu son

emploi de garçon de courses porteur d'œufs, parce que son bec pointu les crevait tous les uns après les autres. Enfin, Patsie Pie était sortie avec Tito Lelièvre, celui qui était si fort dans les jeux vidéo.

Ce jour-là, il y avait d'autres invités chez les sœurs Lacane : les jumelles Anita et Anna Labécasse, César et Juliette Hibou, cousins par alliance des Hibou du Grand Arbre, la famille Paon au grand complet et Giselle l'oie, qui était folle de danse classique.

Pic Pivert se sentait un peu intimidé, mais au bout d'un moment Juliette Hibou déploya son aile gauche et demanda d'une voix timide :

— S'il vous plaît, pourriez-vous, vous qui avez

le bec pointu, me faire un petit trou supplémentaire à mon bracelet de montre ?

Puis ce fut le tour de César, qui demandait un trou de plus dans la ceinture de son pantalon ; puis Anna Labécasse, des petits trous pour pouvoir enfiler les lacets de ses chaussures. Tout le monde réclama les services de Pic Pivert, qui fut proclamé « Roi des petits trous parfaits ».

Alors, Pic Pivert fonda une boutique de luxe spécialisée dans la fabrication des trous. Et il eut, parmi ses clients les plus fidèles, la célèbre Comtesse Patsie Pie.

Les nouveaux venus
attirent les soupçons

Quand de nouveaux locataires s'installèrent au premier étage, juste en face de chez Riki Écureuil, les habitants du Grand Arbre firent une drôle de tête... Il faut dire que les nouveaux venus, Mario et Maria Panda, étaient des étrangers. Ils ne parlaient pas bien la langue du village et leur manière de s'habiller était tout à fait originale : Mario portait un jean avec une veste de smoking, Maria était habillée en danseuse de jazz avec, sur la tête, une étrange perruque violette toute frisée.

La famille Verdeterre, une famille d'acteurs et de mimes, en fut émerveillée. Élise Lézard essaya de copier la perruque de Maria : elle découpa les doubles rideaux de sa chambre en fines bandes de tissu et les frisa avec un fer à friser. Puis elle les colla sur le casque de moto de M. Ourson et mit le casque sur sa tête ; ce n'était pas mal...

Les nouveaux venus attirèrent les soupçons des autres voisins, en particulier des Lechat qui disaient du mal de tout le monde. Ils avaient quatre-vingt-trois ans et ne pouvaient supporter les étrangers.

Les Lechat habitaient au rez-de-chaussée, juste en dessous des Panda, et ils tendaient l'oreille pour épier le moindre bruit qui venait d'au-dessus. « Écoute-moi ça... ils sont certainement en train de

gribouiller sur les murs, ces sauvages ! » ou bien « Non mais tu entends ce vacarme ? Ils ont oublié de fermer les robinets ! » ou encore « Quel bruit ! Ils doivent manger avec les doigts pour faire un bruit pareil ! »

Les Lechat se prenaient pour des gens très bien, très distingués dans leur petit logement décrépi et moisi, mais toujours bien rangé. Ils soupçonnaient les Panda de vivre dans un taudis...

Un beau jour, la chaudière du Grand Arbre tomba en panne et de grands courants d'air glacé envahirent toutes les maisons. Immédiatement, les Lechat dirent que c'était la faute des Panda. Charlotte Lechat, furieuse que ses voisins aient encore dépassé les bornes, se précipita chez eux, prête à faire une scène.

Mais quand Charlotte sonna, la porte s'ouvrit sur un ravissant appartement tout neuf, peint en mauve et bleu, et rempli de fleurs. Charlotte Lechat ne savait plus quoi dire. Son mari criait dans l'escalier :

— Attends-moi, j'arrive, je vais te les attraper, moi...

Mais dès qu'il arriva, sa femme le tira par la manche et se mit à crier :

— Tu as vu un peu cette maison ? Qu'est-ce que tu attends pour repeindre la nôtre et réparer nos fenêtres, depuis le temps que je te le demande ?

Charles et Charlotte Lechat s'en allèrent en se disputant... et les Panda ne pouvaient plus s'arrêter de rire comme des fous !

Le grand jeu des Verdeterre

La famille Verdeterre habitait au sous-sol ; leur cuisine était juste à côté du salon des Raton. Les Raton n'étaient pas toujours très tranquilles avec leurs voisins parce qu'ils prenaient toutes sortes de formes les plus inattendues et que l'on n'était jamais au bout de ses surprises avec eux...

Par exemple, Roger Raton descendait la rampe d'escalier à califourchon... mais c'était Victor Verdeterre qui s'était transformé en rampe d'escalier ce jour-là, et Roger Raton se retrouvait par terre ! Si Régine Raton trouvait devant sa porte un superbe chapeau garni de très beaux fruits et qu'elle courait vite se regarder dans une glace pour voir si le chapeau lui allait... le chapeau s'effondrait et riait convulsivement : c'était Véra

Verdeterre qui s'était enroulée dans les fruits et avait pris la forme d'un chapeau !

L'affaire devint plus grave quand Victor Verdeterre eut l'idée de se transformer en un joli vase. Régine Raton le remplit d'eau, y mit des glaïeuls, et le posa sur la table de travail de sa fille Rita. Celle-ci voulut respirer le parfum des glaïeuls, car

c'était une   âme romantique. Le vase fondit comme neige au soleil... et Victor Verdeterre apparut en chantonnant :

— Je t'ai bien eue, je t'ai bien eue !

Mais toute l'eau du vase s'était renversée sur le livre préféré de Rita et l'avait changé en éponge ! Ce livre, « Les Mille et Un Contes », les histoires de la princesse Raton, du prince charmant Lelièvre, des pirates Poisson-Rouge, de mines de diamant cachées dans des troncs d'arbres creusés par le bec de l'empereur Pivert... C'était un livre merveilleux qui faisait rêver, et Rita aimait tellement rêver !

Quand elle vit que son livre était transformé en peignoir de bain tombé dans le Pacifique, Rita Raton essaya de le sécher et de lui faire reprendre forme. Elle le mit près de la cheminée, mais la poussière des flammes le couvrit de petites taches noires. Elle le mit à sécher au soleil sur son balcon, mais le vent en emporta trois pages. Elle le mit près du fourneau, mais sa sœur qui était très distraite le fit cuire avec de l'huile et du poivre. Le livre était perdu pour toujours, il fallait s'y résoudre.

Rita Raton passa un bon petit quart d'heure à pleurer, puis se décida à agir. Elle entra comme une furie chez les Verdeterre et leur fit une scène effroyable, disant que leurs enfants étaient les enfants les plus mal élevés de tout le Grand Arbre, et elle ajouta qu'il ne fallait plus jamais compter sur elle pour les aider à faire leurs devoirs de

classe, en particulier les rédactions sur le fromage... Puis elle claqua la porte derrière elle.

Victor Verdeterre se sentit très mal. Peut-être

qu'il regrettait d'avoir abîmé le livre de Rita, peut-être aussi qu'il se demandait comment il ferait pour écrire tout seul une rédaction sur le fromage...

Il se mit à pleurer et toute sa famille s'inquiéta de son état. Mais les Verdeterre ne se laissaient jamais abattre. Ils avaient beaucoup d'imagination ;

ils avaient des talents de mime et surtout, ils avaient une assez vieille cassette qui racontait les histoires des « Mille et Un Contes ».

Dans le plus grand secret, ils écoutèrent la cas-

sette, allèrent chercher au grenier une grosse malle... Ils fermèrent les volets et pendant dix-neuf jours, ils restèrent chez eux à travailler...

Un soir, on frappa à la porte des Raton. C'étaient les Verdeterre qui leur avaient préparé leur grand jeu, un spectacle magnifique. Ils avaient disposé un rideau bleu comme le ciel d'Orient, et des quantités de petites lampes.

Ils apparurent dans leurs costumes de princes indiens, de princesses enlevées à cheval, de pirates des Caraïbes. Et pendant toute la nuit, ils jouèrent les histoires magiques des « Mille et Un Contes » pour que leurs amis Raton veuillent bien leur pardonner...

Des discussions à n'en plus finir

Depuis deux mois, Lucas et Lucie Fourmi n'arrêtaient pas de se disputer. Pour un sujet bien futile : où passer les vacances ?

Lucie voulait aller à la mer à l'« Hôtel de la Bronzette » ; Lucas voulait aller à la montagne à la « Pension des Pentes Douces ».

Ce matin-là, les discussions devenaient de plus en plus violentes. Lucas Fourmi déchira la grande feuille de vigne sur laquelle le repas avait été servi ; Lucie Fourmi renversa la sauce à la crème...

Leurs enfants pensèrent : « Cette année, on peut dire adieu aux vacances ! » Alors papa Fourmi se décida brusquement :

— Faites ce que vous voulez, allez à votre « Hôtel de la Bronzette » ! Mais vous irez tout seuls... Moi, je pars de mon côté... parfaitement, je vais à la pêche avec mon ami Pic Pivert !

Pic Pivert était très amoureux de la Comtesse Patsie Pie. Il n'arrêtait pas de se disputer avec elle pour des riens. Il avait prévu ce soir-là de regarder un match de football à la télévision. Elle voulait qu'ils se fassent un petit dîner aux chandelles. Pic Pivert resta sur ses positions et Patsie Pie se mit très en colère. Alors Pic Pivert lui cria :

— Ce soir, tu dîneras toute seule ! Je pars à la pêche avec mon ami Lucas Fourmi...

Patsie Pie, de fureur, lança contre le mur un vase rempli de jasmin. Le vase rebondit et passa par la fenêtre... puis tomba sur la roulotte de Lucas Fourmi.

Lucas se mit à pleurer à cause de sa belle roulotte abîmée ; Lucie l'imita, puis ce fut le tour de Pic Pivert et enfin de Patsie Pie qui regrettait son beau vase brisé...

À force de pleurer tous les quatre ensemble, ils se mirent à rire et se demandaient : « Mais, au fait, pourquoi me suis-je mis en colère ? »

— Allons, faisons la paix, cela vaut mieux !

Et ils s'en allèrent dîner tous les quatre au « Chat qui pêche ». Ils avaient mis chacun un petit bouquet de jasmin, l'un à la boutonnière, l'autre dans les cheveux, les autres à la ceinture, en signe de fête.

Mario Panda passe une nuit affreuse

Mario Panda était chirurgien ; c'était un panda jaloux comme un tigre. Il faut dire que Maria, sa femme, était très jolie... Un soir, Mario rentra très tard chez lui : il avait opéré d'urgence Lucas Fourmi des amygdales.

Il ne fit aucun bruit, marchant sur la pointe des pieds. Il n'alluma pas la lumière. Seule la lune éclairait sa femme, qui dormait déjà dans son joli pyjama d'un blanc de neige. Il pensa que sa femme était absolument ravissante et se pencha pour l'embrasser. Mais il entendit un petit murmure : Maria parlait dans son sommeil... Il resta immobile, tendit l'oreille, et Maria murmura :

— Roméo, Roméo...

Puis ce fut le silence complet.

« Roméo ? Qui c'est celui-là ? » se demanda Mario, très perplexe. Il ne connaissait personne

qui portait ce nom. C'était sans doute un ancien amoureux de Maria... ou plutôt, le jeune homme de la boulangerie qui apportait les croissants le matin... mais non, il s'appelait Julien !

Le lendemain matin, Mario prit sa douche et se regarda dans la glace de la salle de bains : il était pâle à faire peur, et il avait sous les yeux deux grands cernes violets. Mais il décida de rester calme et d'interroger sa femme, l'air de rien, au petit déjeuner.

Maria se réveilla un peu plus tard et le rejoignit dans la cuisine. Elle n'avait pas l'air décidée à faire le café, à apporter les biscottes, à préparer un sirop de grenadine. Elle embrassa son mari et lui glissa dans l'oreille :

— J'ai une surprise pour toi. Je t'ai attendu tard hier soir pour te la dire... et puis, je me suis endormie. Nous attendons un petit panda et j'aimerais tellement qu'on l'appelle Roméo, qu'en penses-tu ?

Alors Mario se mit à pleurer de joie. Il était jaloux mais il avait un cœur d'or.

À chacun son sport préféré

Boubi Hibou aimait le football ; Patou Poisson-Rouge adorait le water-polo. Mais comme ils étaient des amis inséparables et qu'ils voulaient aller ensemble voir un match, ils prirent deux billets pour un tournoi de tennis en plein air. Comme ça, tout le monde serait content.

Ils arrivèrent au stade, en bavardant de choses et d'autres. Ils s'installèrent sur les gradins et attendirent le début de la partie en mangeant du pop-corn.

Mais à peine le match avait-il commencé que tout alla de travers. Dès que la raquette touchait la balle, Boubi criait « But ! ». Il sautait sur ses pieds et bousculait la bouteille d'eau qui permettait à Patou de respirer avec son masque. Et dès que la balle touchait terre, Patou faisait un plongeon pour la ramasser, aspergeant d'eau le manteau neuf de Boubi.

Les deux amis s'accusaient à tour de rôle de ne rien comprendre au tennis. En plus, Boubi était pour Ourson, Patou pour Lelièvre !

Ils se disputaient comme deux diables au milieu de la foule et il fallut les séparer, parce qu'ils en venaient aux mains. Ils sont restés grands amis, mais depuis ce jour mémorable, ils vont chacun de leur côté voir les tournois de leur sport préféré.

Valentin Cheval, architecte improvisé

Valentin Cheval vivait à une certaine distance du Grand Arbre ; il le voyait de loin et l'arbre lui faisait penser à un cornet de glaces, à cause de sa forme... mais il s'en sentait très proche parce qu'il connaissait tous ceux qui y habitaient.

Sa maison était située dans un des angles de la place des Verts-Prés. C'était une maison petite, mais tellement confortable : il y avait une stalle pour les repas, en cuir rouge ; une stalle pour dormir, avec des petites raies vertes et blanches ; une stalle pour se baigner, avec une fenêtre en forme de fer à cheval ; une stalle bureau avec une grande bibliothèque couleur « galop dans la neige » ; enfin une stalle pour manger avec toute la batterie de cuisine de la célèbre marque « Hennir ».

Valentin avait huit ans. Il était un peu timide et allait rarement se promener jusqu'au Grand Arbre ; mais c'était un ami fidèle de tous ceux qui y habitaient. Il allait encore à l'école et savait déjà ce qu'il voudrait faire plus tard : il serait ingénieur et construirait des avions et des hélicoptères en forme de chevaux. Il mangeait d'énormes montagnes de frites, comme il l'avait vu faire dans les westerns, mais il était très soucieux de son élégance. Il portait les pull-overs les plus fins et les plus chers de la place des Verts-Prés — parce que la grosse laine lui donnait de l'urticaire.

Ce jour-là, Valentin était en pleine méditation au milieu d'un pré. Il voulait construire une navette spatiale pour son ami Bob Lebouc. Il

entendit tout à coup des sanglots qui semblaient venir d'un buisson proche. Il y courut et écarta les feuilles... il y vit, prostré à terre, M. Ourson qui pleurait à chaudes larmes. Valentin lui donna une petite tape amicale sur l'épaule et lui demanda pourquoi il pleurait. M. Ourson se moucha dans un mouchoir fait avec une feuille de mûrier — rien que d'y penser, Valentin en avait déjà des boutons — puis il raconta toute son histoire.

La veille au soir, il y avait eu une réunion de tous les habitants du Grand Arbre et tout s'était déroulé normalement : les Taupe se plaignaient de la moisissure des murs, Renaud Renard avait trop

chaud, Élise Lézard, trop froid. Les enfants Fourmi ne pouvaient pas dormir à cause du vacarme des Verdeterre qui répétaient leurs spectacles à la maison. Riki Écureuil avait toujours ses pots de fleurs du balcon remplis de morceaux de vaisselle et de verres que Pic Pivert et Patsie lançaient par la fenêtre les jours de dispute. En somme, rien d'extraordinaire à signaler...

Puis, en fin de séance, un drôle de type avait déclaré qu'il était prêt à acheter le Grand Arbre.

— Je sais bien que vous n'avez pas un sou pour remettre en état le Grand Arbre, avait dit ce M. Chacal. Je vous ferai un superbe tronc en béton, des feuilles en plastique, comme ça la pluie ne les usera pas ! et puis un toit encollé, complètement imperméable... Finis vos vieux matériaux, vive la vie moderne !

Tout le monde se taisait ; chacun aimait le Grand Arbre comme il était. Mme Lechat était un peu tentée par les feuilles de plastique, mais Patsie Pie, atteinte dans sa dignité d'aristocrate, s'écria :

— Quelle horreur !

Valentin avait tout écouté avec attention :

— Toute cette histoire est affreuse... Il faut que je vous tire de cette impasse !

Et il commença à dessiner des plans de restructuration complète du Grand Arbre.

Et chacun se mit au travail. Les Raton réparèrent le toit ; les Taupe grattèrent la moisissure des murs ; les frères Lelièvre remirent le chauffage en marche ; Élise Lézard et Renaud Renard s'occupèrent de la peinture ; les Hibou firent des tapis avec de vieux manteaux ; tous les enfants arrachèrent les mauvaises herbes. Valentin revendit ses beaux pull-overs et avec cet argent leur fit cadeau à tous d'un nouvel ascenseur. Puis il se retira chez lui. Quand il était heureux, il préférait être tout seul.

Un petit lit en grand danger

La pluie était tombée sans arrêt sur le Grand Arbre pendant trois jours et trois nuits ; les feuilles étaient trempées et la cour était devenue une véritable mare. Des gouttelettes argentées tombaient des branches, des gouttières et des balcons.

La troisième gouttière, juste en dessous des dernières branches, était pleine, à peu près aussi pleine qu'un petit ventre rempli de tarte aux pommes... Et quand la millième goutte tomba, toute l'eau accumulée se déversa comme un torrent ! L'eau franchit d'un bond la fenêtre de Patsie Pie et appuya avec une telle force sur les vitres de la famille Hibou qu'elles se brisèrent en mille morceaux. Puis l'eau se répandit dans la chambre des enfants, Boubinou et Boubinette, qui dormaient à poings fermés.

Boubinette se réveilla aussitôt et, devant ce spectacle affreux, se mit à pleurer. Et que vit-elle ? Le petit lit de son frère Boubinou qui se balançait sur l'eau et disparaissait par la fenêtre... pour aller se fixer sur la branche qui les séparait de leurs voisins.

Quand le papa et la maman arrivèrent dans la chambre, ils ne purent atteindre la branche, car une partie du toit s'était effondrée.

Tous les voisins étaient dehors, ils couraient vers la branche, ils levaient la tête pour mieux voir. Ils avaient la gorge serrée, en pensant à ce petit lit posé sur une branche qui pouvait à tout moment se casser...

Enfin, la voiture des pompiers arriva. C'était une superbe voiture, d'un beau rouge brillant et lumineux. Au même moment, la branche craqua un peu et le petit lit en fut tout secoué.

Mme Ourson éclata en sanglots, Roger Raton entraîna ses enfants à l'intérieur de la maison. Le capitaine des pompiers, Loulou Leloup, fit tendre une grande bâche au pied de l'arbre, appuya la grande échelle sur le tronc et grimpa...

Le vent menaçait de renverser l'échelle ; mais de toutes les fenêtres sortaient des petites mains et des petites pattes pour la maintenir en équilibre. Le vent gonflait la toile de la bâche, mais de toutes les portes sortaient des écharpes pour l'attacher aux buissons. Enfin le capitaine Loulou Leloup attrapa Boubinou et se lança avec lui dans le vide...

— Salut ! dit Boubinou, d'une voix encore ensommeillée. Je faisais un drôle de rêve : mon lit était devenu fou et m'avait porté, je ne sais pas pourquoi, sous la douche !

Comment expédier
un cousin encombrant

La famille Verdeterre avait invité le cousin Milou Millepattes à passer le week-end. C'était très courageux, car le cousin était un personnage bien encombrant... Ils l'avaient amené, pour lui faire plaisir, dans la meilleure pâtisserie du village.

Là, Milou avait commencé à vraiment les agacer : il était fatigué par son voyage, il voulait enlever ses chaussures... ensuite il fallait lui trouver d'urgence mille pantoufles en flanelle super-douillette.

Après, il lui fallait un autobus pour lui tout seul, parce qu'il avait droit, disait-il, à cinquante places (une pour deux pattes). Ne parlons même pas des promenades en ville, car il s'arrêtait devant toutes les boutiques de chaussures... il entrait et essayait mille chaussures différentes. Évidemment, çà

n'allait jamais ! Il fallait assortir la botte de la quatrième patte avec la bottine de la dix-neuvième, le mocassin de la troisième avec la chaussure de tennis de la quatre-vingt-dixième... Dès son arrivée, les vendeurs se réfugiaient dans les arrière-boutiques !

Alors Vincent Verdeterre prit son courage à deux mains ; avec l'aide de ses frères, il attacha avec une ficelle toutes les pattes de son cousin et le fit entrer de force dans une grosse chaussure de ski... puis l'envoya par la poste, à l'adresse suivante : « Poste restante. Sommet du Kilimandjaro. »

De terribles cauchemars

Le plus jeune de la famille Fourmi, Firmin, n'avait que trois ans. Depuis quelque temps il faisait de terribles cauchemars, qui le terrorisaient. À peine sa maman l'avait-elle bordé dans son lit avec sa feuille-édredon, à peine avait-elle éteint le grain de riz allumé qui lui servait de lampe de chevet, que les horribles cauchemars de Firmin Fourmi commençaient...

Il rêvait que le vent emportait tous ses délicieux biscuits, il rêvait que son papa se mettait à ressembler à Boubi Hibou, il rêvait que Rita Raton se coupait un doigt... et il se mettait à pleurer. Il rêvait que dans le frigidaire il n'y avait plus une miette de pain et plus une goutte d'eau... et il pleurait. Il rêvait que Lady Décibel, sa chanteuse préférée avait une angine... et il pleurait encore.

Le matin, Firmin Fourmi était très angoissé : il voulait savoir si ses cauchemars n'étaient que de mauvais rêves ou si c'était la réalité.

Alors, il posait les questions les plus bizarres : « Dites-moi, madame Raton, vous vous êtes bien coupé un doigt ? » ou bien « Dites-moi, monsieur Hibou, vous ne trouvez pas que mon papa vous ressemble un peu ce matin ? » ou encore « Maman, qu'est-ce qu'on aura à manger aujourd'hui, puisque le vent a emporté tous nos biscuits ? »

Et puis, il se plantait devant la télévision, espérant avoir des nouvelles de Lady Décibel...

Ses parents, ses frères et ses amis commencèrent à penser que Firmin était un drôle de petit bonhomme, et que ce devait être la faute de la télévision. Firmin ne voulait parler à personne de ses cauchemars, parce qu'il avait peur qu'on dise qu'il était un peu piqué... Et comme il était très têtu, il voulait résoudre tout seul ses problèmes, même s'il n'avait que trois ans.

Heureusement, il y avait une personne en qui il avait une confiance totale : sa bonne tante, Lucile Laluciole. Il alla la trouver et lui raconta tous ses

malheurs, et la bonne tante lui promit de l'aider.

La nuit suivante, Firmin rêva que Mario Panda se transformait en monstre... Soudain, la tante Lucile apparut, lumineuse derrière la fenêtre, et le monstre s'évanouit comme par magie.

Puis, lorsqu'il rêva que le vent emportait ses biscuits préférés, derrière les vitres la bonne tante était là, plus lumineuse que jamais.

Cela dura des nuits et des nuits, et puis un beau jour, Firmin Fourmi ne fit plus de cauchemars. Mais tout le monde se demanda quelle était cette étrange lumière qu'ils avaient vue la nuit...

Tout est bien qui finit bien

Tino Lelièvre aimait en secret Élise Lézard, mais il était certain qu'elle ne s'intéressait pas du tout à lui ; Élise Lézard adorait secrètement Tino Lelièvre, mais elle pensait que celui-ci était amoureux de Patsie Pie.

Quand ils se rencontraient par hasard dans l'escalier, ils se disaient à peine bonjour. Et Tino pensait : « Elle est bien pressée de s'en aller » et Élise pensait : « Il court certainement chez sa Patsie ». Si, par hasard encore, ils étaient placés l'un à côté de l'autre à un dîner, ils faisaient tous les deux une drôle de tête. Tino se disait : « Elle est furieuse d'être assise à côté de moi » et Élise se disait : « Il fait cette tête-là parce que sa Patsie lui manque. »

La situation était sans issue. À toutes les fêtes,

Élise dansait avec tous les autres, pour rendre Tino jaloux... et Tino ne s'en rendait même pas compte : il était très occupé à servir galamment de la limonade à toutes les autres, pour rendre Élise jalouse. Et un beau jour, Tino décréta qu'il ne pouvait plus supporter de vivre cet amour impossible... et Élise, de son côté, jura d'oublier Tino pour toujours.

Ces bonnes résolutions étant prises, Élise partit très tôt de la fête qu'organisaient les Panda pour

leur anniversaire de mariage et partit seule danser dans une boîte de nuit. Et Tino, pour ne plus penser à Élise, quitta aussi la fête et rentra chez lui pour jouer à des jeux vidéo avec son frère.

Il se précipita dans l'escalier, aussi vite que l'avait fait Élise quelques minutes auparavant et

aperçut quelque chose qui brillait sur les marches... c'était le lacet d'argent des tennis du soir d'Élise ! Tino oublia sa résolution et serra le lacet sur son cœur, en poussant des soupirs. Il décida de garder le lacet en souvenir de sa bien-aimée.

Dans la boîte de nuit, Élise ne pouvait pas vraiment danser avec sa chaussure sans lacet. Elle décida donc de rentrer chez elle au plus vite. Dans le hall du Grand Arbre, il y avait quelqu'un... zut ! c'était Tino qui farfouillait dans sa boîte aux lettres.

— Bonsoir, dit Élise en faisant un grand effort pour articuler.

De la poche de Tino pendait un bout de lacet d'argent, Tino en devint rose carotte de honte, et quand Élise vit que c'était son lacet, elle devint rouge tomate d'émotion. Ils ne dirent plus rien, mais ils se fiancèrent sur les marches de l'escalier en se donnant leur premier baiser...

Un ballet surprise

Giselle Loie était folle de danse classique. Mais elle avait un grave problème : ses pattes palmées... Impossible de trouver des chaussons de danse pour pattes palmées ; impossible aussi de trouver un tutu aménagé laissant passer sa queue de plumes.

Giselle Loie ne pouvait donc être danseuse et elle se consolait en regardant des ballets à la télévision. Mais son rêve secret la poursuivait toujours : être sur scène, connaître les feux de la rampe et danser « Le Lac des oies blanches » avec le célèbre danseur étoile Igor Cygnovsky.

Le jour de l'anniversaire de Giselle Loie, les sœurs Lacane lui préparèrent une magnifique surprise : elles demandèrent à Roger Raton, qui était tailleur, de lui confectionner un tutu aménagé pour queue de plumes. Elles transformèrent les gants de jardinage de Mme Ourson en chaussons de danse, avec des rubans de soie rose. Et enfin, elles demandèrent à Pic Pivert de faire le danseur étoile.

Pic Pivert était superbe dans son smoking. Paulette Lacane mit sur l'électrophone la « Valse des volatiles volages » et Colette Lacane orienta le lampadaire comme un projecteur.

Giselle Loie et Pic Pivert s'élancèrent sur la piste... Évidemment, ce n'était pas tout à fait comme de danser avec Igor Cygnovsky ; mais ce ballet surprise fut, malgré tout, très réussi.

Une télévision bien indiscrète

Il y eut un jour un orage terrible sur le Grand Arbre... et l'antenne de télévision qui était sur le toit devint jaune comme la bouillie d'orge des Verdeterre, puis violette comme la perruque de Maria Panda. Cela n'aurait pas été grave si l'antenne avait continué de marcher normalement. Mais le soir même, à la grande surprise de tous les habitants du Grand Arbre qui regardaient leur émission de jeux « Risquetout », l'antenne diffusait d'étranges émissions : on voyait sur l'écran tout ce qui se passait chez les voisins, et on entendait tout ce qu'ils disaient. C'était terrible !

C'est comme cela que tout le monde apprit que Patou Poisson-Rouge portait un dentier, que Véra Verdeterre s'épilait la moustache, que le Sieur Lechat donnait à ses invités du vin allongé avec de l'eau, que l'un des fils Taupe voulait épouser la petite Fourmi mais que ses parents s'opposaient à ce mariage, que Pic Pivert copiait les lettres d'amour qu'il envoyait à Patsie Pie, qu'Élise Lézard ne frisait pas naturellement mais mettait des bigoudis.

Bien des secrets encore apparurent sur l'écran. Personne n'osait en parler aux autres, parce que tout le monde avait bien un petit quelque chose à se reprocher. Et quand l'antenne fut réparée, tout le monde fit comme si rien ne s'était passé...

Les adieux à la petite grand-mère

La grand-mère Renard était une merveilleuse petite grand-mère. Elle s'appelait Geneviève, mais tout le monde lui donnait le surnom de Tatie, car c'était un peu la Tatie de tous les habitants du Grand Arbre. Elle en avait préparé des biberons de jus de carotte pour les frères Lelièvre ! Elle en avait mis des compresses sur la queue toute gonflée d'Élise Lézard quand elle l'avait coincée dans la porte de l'ascenseur. Elle en avait tricoté des petits pulls pour la famille Fourmi ! Elle en avait raconté des histoires pour tous ceux qui n'arrivaient pas à s'endormir ! Elle était si gentille et si gaie que tout le monde l'appelait « Tatie Soleil ».

Mais la petite grand-mère devenait très vieille et de plus en plus faible. Elle était venue habiter chez ses enfants, qui la soignaient avec des plantes et lui coiffaient sa belle queue argentée aux reflets bleutés.

Tatie Soleil perdait ses forces mais gardait sa joie de vivre. De temps en temps, elle faisait encore des gâteaux dont elle avait le secret et brodait des nappes et des dessus-de-lit pour en faire de magnifiques cadeaux.

Un soir, elle se drapa dans un beau châle qu'on lui avait offert et elle partit au cinéma avec sa fille. Le film était si beau qu'elle rentra à la maison

toute joyeuse de sa soirée. Mais elle était si faible que tout la fatiguait, même de remuer la queue, même de respirer...

Et un jour, elle s'endormit et ne se réveilla pas. Elle partit avec un dernier regard tendre et un dernier doux sourire... C'était la petite grand-mère la plus merveilleuse qui puisse exister. Tous ses amis l'accompagnèrent sous le grand chêne et versèrent des larmes d'adieu. De beaux adieux à la petite grand-mère dont la belle queue argentée était devenue toute bleue, bleue comme la belle chevelure des fées.

Un chat très susceptible

Les Lechat avaient un neveu surnommé Grigri. Quand il venait voir sa famille, tout le monde était en émoi car toutes les petites dames Ourson, Lézard, Taupe et Fourmi étaient secrètement amoureuses de lui... Il faut dire que Grigri était superbe avec ses chemises roses ou lilas et ses innombrables nœuds papillons.

Mais il y avait un petit détail ennuyeux : il était très susceptible et faisait la grimace pour un rien — d'où son nom de Grigri, comme grimace. Quand il était de bon poil, tout le monde respirait ; quand il était de mauvais poil, tout allait de travers au Grand Arbre.

Mme Ourson, dans le couloir, lui disait :

— Mais comme tu es p...

Elle voulait dire : « Comme tu es pâle ce matin »

mais lui, il comprenait : « Comme tu es pénible ! » et il sursautait comme s'il avait été piqué par un moustique.

Mme Fourmi lui disait :

— Tu devrais t'a...

Elle voulait dire : « Tu devrais t'acheter le journal d'aujourd'hui » mais il comprenait : « Tu devrais t'arranger pour être plus aimable ! » et cela le rendait fou furieux.

Il recevait un petit mot de Renaud Renard ; il ne lisait que les premières lettres : « Tu es inv... » et il comprenait : « Tu es invivable », au lieu de lire : « Tu es invité aujourd'hui pour mon anniversaire. » Tous les autres étaient réunis pour cette fête... et

Grigri était tout seul là-haut sur les toits. Alors, Renaud Renard lui chuchota : « Psst, psst... »

Grigri comprit : « Viens vite ! La fête sans toi n'est pas une vraie fête. » Et cette fois-ci, il avait parfaitement compris ce que ce « Psst, psst » voulait dire. Il se dépêcha de descendre du toit pour souhaiter un bon anniversaire à son ami.

Une belle course de fin d'année

À la fin de l'année, les enfants de l'école maternelle préparèrent une surprise pour leurs parents et grands-parents. À la place de la traditionnelle fête de fin d'année avec des chansons, de la musique et des poésies, ils décidèrent de faire une grande course de tricycle à voile.

Quand les parents arrivèrent, habillés pour la circonstance, les enfants étaient déjà sur leur tricycle, prêts à partir. Ils avaient tous des voiles de couleurs différentes, l'effet était superbe !

La maîtresse d'école, Mlle Bec-Pointu, donna le départ et le concierge, qui n'était jamais à l'heure, mit en route le chronomètre. Cent petites jambes se mirent à pédaler... Les mamans et les papas criaient de toutes leurs forces « Vas-y ! » et le vent soufflait dans les voiles. Il souffla si bien qu'il emporta dans les airs le tricycle qui avait le passager le plus léger, le petit Fourmi... qui s'envola par-dessus les haies.

Le petit Raton arriva le premier ; on lui remit la coupe du vainqueur. Et pendant ce temps-là, le petit Fourmi volait toujours...

Il arriva le dernier, mais il était bien le seul à avoir senti qu'il volait aussi vite que le vent !

Un sculpteur génial

Les longues nuits d'insomnie que connurent les habitants du Grand Arbre coïncidèrent exactement avec l'arrivée de Titi Asticot, cousin de la famille Fourmi, par un dimanche de juin...

Titi était un sculpteur génial. Il prenait des troncs d'arbres, des chênes bien parfumés, et il sculptait dedans des formes étonnantes : des galeries aussi mystérieuses que la caverne d'Ali Baba, des grottes magiques comme les grottes sous-marines, des cavités qui ressemblaient aux formes que l'on voit se dessiner sur la lune.

Titi n'était inspiré que la nuit. Pendant la journée, il se promenait à droite à gauche, il jouait à la belote avec son cousin, il buvait de la limonade avec ses amis. Et la nuit, l'inspiration venait... Il attaquait le bois comme un fou. Après une semaine de ces créations sur bois, les habitants du Grand Arbre étaient épuisés, ils tenaient à peine debout, et ils commencèrent à regarder Titi d'un drôle d'air, qui en disait long.

Titi ne s'en rendit absolument pas compte ; comme tous les artistes, il était terriblement distrait... Il distribua ses sculptures chez les uns, chez les autres ; il y en avait partout dans le Grand Arbre. Mais les protestations se firent plus violentes et il ne lui resta plus qu'à faire ses bagages.

— Décidément, personne au Grand Arbre ne comprend ce qu'est l'art abstrait !

Ce fut son seul commentaire avant de partir...

À la recherche de Tinou Ourson

Un vendredi soir, après l'école, Tinou Ourson ne rentra pas à la maison. Mme Ourson, qui travaillait dans une teinturerie et passait ses journées à laver et à repasser, attendait ses enfants. Elle avait fait de délicieux beignets pour leur goûter, des beignets bien croquants sous la dent.

— Il faut les manger trois par trois ! dit un des enfants en enfournant les beignets dans sa bouche.

— Ils se mangent par cinq ! dit le petit Hibou, qui venait toujours goûter chez les Ourson.

— Je les mange par gros tas ! dit la petite Tinoune, et elle prit tout le reste des beignets.

Mais l'assiette de Tinou restait vide...

— Mais où est donc passé Tinou ? demanda sa maman, un peu soucieuse.

Les autres n'en savaient rien... Ils l'avaient vu

dans la cour de l'école en train de ramasser des cailloux pour sa collection, et puis ils étaient rentrés à la maison sans lui.

Le soir, Tinou n'était pas encore rentré... La lune apparut dans le ciel, et l'inquiétude de la famille Ourson et des amis qui étaient venus les soutenir était à son comble. Un groupe de recherche se forma, avec des lampes de poche et des grosses bottes. Un groupe de premiers secours le suivit, avec des vivres et du sparadrap... et les deux groupes partirent à la recherche de Tinou.

Mais Tinou n'était pas du tout perdu : tout près de l'école, sous un buisson de mûres, il avait découvert un caillou en forme de tricycle ! un caillou unique qui manquait à sa collection de cailloux rares et précieux ! Il s'était un peu éloigné dans les champs pour le regarder tout à son aise...

Lorsqu'il rentra chez lui, il n'y trouva personne. Il téléphona à son amie Rita Raton qui lui dit :

— Nos parents nous donnent tant de soucis !

Alors ils se mirent tous les deux à leur recherche. Tinou prit une boussole, Rita sa trousse de pharmacie... et les voilà qui battent la campagne pour retrouver la famille Ourson.

Une heure et demie plus tard, les deux groupes, stupéfaits, tombent l'un sur l'autre, au beau milieu d'une clairière ! Mme Ourson gronde son fils ; elle lui dit qu'il est complètement inconscient. Tinou attrape sa maman ; il lui dit qu'elle s'inquiète toujours pour rien. Les autres les calment... et tout le monde rentre sagement à la maison, en cueillant des mûres, parce que les beignets bien croquants étaient mangés depuis fort longtemps.

Des déménagements
qui n'en finissent pas

Après avoir été fiancés pendant des lustres, Patsie Pie et Pic Pivert se décidèrent enfin à se marier. Ils décidèrent d'habiter ensemble chez Pic Pivert, une fois que son appartement serait remis à neuf. Ils firent appel à un décorateur à la mode, Arthur Arrangeur. Il jeta un bref regard circulaire et commença à tout réorganiser :

— Je verrais bien là quatorze fauteuils... Il faut absolument enlever ce lampadaire, il est démodé... Et pourquoi une table ? Mettez plutôt un canapé rayé violet et or... !

Pic Pivert et Patsie Pie achetèrent tout ce que le décorateur leur avait conseillé. Et puis ils allèrent chez les Fourmi, qui avaient une entreprise de déménagement, pour leur faire transporter tous ces nouveaux meubles chez Pic Pivert.

L'entreprise Fourmi était célèbre, et à juste titre : c'était une entreprise familiale, très active, dans laquelle travaillaient les parents, les enfants, les oncles, les cousins, et même les cousins à la mode de Bretagne... Ils avaient tous le même uniforme : une longue blouse bleue avec une petite étiquette rouge dans le dos. Et, sur l'étiquette, un « T », comme « Tout-se-déménage »...

Lucas Fourmi dirigeait les opérations de transport des fauteuils et du canapé dans l'escalier.

Mais quand tout fut installé, Patsie Pie changea
d'avis : il n'y avait pas assez de place, dit-elle,
pour tous les fauteuils... Il valait mieux les transporter chez elle, car il y avait plus d'espace.

Les Fourmi remirent leur longue blouse bleue et
emportèrent tous les meubles chez Patsie Pie.
Quand tout fut en ordre, Pic Pivert vit que dans la
salle de bains de Patsie, il n'y avait pas de baignoire mais seulement une douche. C'était impossible pour lui de vivre sans baignoire, cela le rendait très nerveux ; il serait bien capable de se
mettre à piquer les meubles avec son bec. Et

comme son bec était très pointu, dans quel état seraient bientôt les meubles !

Ils rappelèrent les Fourmi, qui refirent le trajet inverse, toujours avec leurs longues blouses bleues. Mais Patsie était absolument furieuse et elle déclara qu'elle ne voulait plus se marier.

Alors, les Fourmi enlevèrent pour de bon leurs longues blouses bleues et rendirent tous les meubles au magasin d'où ils venaient. Mais comme au lieu de faire un seul déménagement ils en avaient fait quatre, ils décidèrent de s'acheter une caravane neuve avec l'argent de tous ces déménagements imprévus et de faire un tour au bord de la mer...

LA MER

Luc Laloutre a la rougeole

La maman de Luc Laloutre, qui était née dans le Midi, avait une belle peau mate ; son papa, qui était de l'Est, avait des yeux en amandes. Luc Laloutre avait pris ce que ses parents avaient de mieux : les yeux en amandes de son papa et les longs cils de sa maman. Toutes les filles de l'école maternelle en étaient folles... Si Luc mettait une jolie cravate bleu ciel, tous les garçons voulaient une cravate bleu ciel ; si Luc mangeait des gâteaux fourrés au miel, tout le monde ne voulait plus manger que des gâteaux fourrés au miel.

Un jour, Luc Laloutre revint d'une promenade avec le museau bourré de petites taches rouges...

— Il a la rougeole ! s'écria sa maman, et elle courut vite lui préparer son lit.

— Il a la rougeole ! dit son papa en secouant la tête, et il courut lui acheter des remèdes.

— Il a la rougeole ! confirma le Docteur Taupe.

Il n'y avait plus de doute, Luc Laloutre avait bien la rougeole. Alors, tous les enfants du Grand Arbre voulurent, eux aussi, faire comme lui : avoir vite la rougeole ! Et bientôt, tous leurs petits nez et leurs petits museaux furent bourrés de petites taches rouges... sauf celui du petit Verdeterre. Comme il n'arrivait pas à attraper la rougeole, il dessina sur son nez quatorze petites taches rouges avec un crayon de couleur !

Au secours, il y a un monstre !

Tous les enfants du Grand Arbre vont à l'école. Le matin, ils partent tous ensemble. Ils emportent leurs provisions pour le déjeuner et commencent leurs bêtises : c'est à qui donnera le plus de coups de pieds, frappera le plus fort et prendra le plus de chewing-gums à la fraise.

Ils arrivent à l'école et leurs maîtresses, les sœurs Bec-Pointu, passent la moitié de la matinée à laver les genoux écorchés, arranger les vêtements, moucher les nez, mettre du sparadrap...

Les plus terribles de la bande sont : le petit Raton qui arrive avec son baladeur sur les oreilles et remue en rythme, le petit Hibou qui se bagarre sans arrêt avec le petit Ourson, et le petit Verdeterre qui mène la bande avec ses contorsions et ses grimaces. Chez les filles, la petite Raton est la plus insupportable.

Ce matin-là, la journée s'annonçait particulièrement agitée, d'autant plus que Topie Taupe hurlait parce qu'elle avait perdu ses verres de contact. Quand, soudain, il se fit un grand silence. Les enfants fixaient avec terreur la fenêtre : il y avait là un monstre avec un seul œil !

Ce ne furent bientôt que pleurs et tremblements. Courageusement, une des sœurs Bec-Pointu s'élança dans le couloir pour voir le monstre de plus près. Ce n'était pas un monstre !

C'était simplement le concierge de l'école, M. Leloir, qui s'était endormi à sa table. La lampe projetait sur la vitre de la salle de classe son ombre, comme une gigantesque ombre chinoise. Et l'œil du monstre n'était que la boutonnière de sa manche de chemise qui s'était ouverte !

La maîtresse saisit l'occasion, elle rentra à toute vitesse dans la classe.

— Bande de petits vauriens ! Le monstre-à-un-œil ne supporte pas le vacarme que vous faites ! Il arrive ! Il m'a déjà donné son numéro de téléphone !

Et la maîtresse brandissait un ticket de super-marché.

Entre-temps, le concierge s'était réveillé et pelait tranquillement une orange. Sur la vitre, on voyait maintenant comme un grand manège.

— Allons-y, fonçons ! Le monstre nous offre un tour de manège ! dit le petit Verdeterre qui ne se déplaçait qu'en patins à roulettes.

Tous les autres enfants le suivirent sans se faire prier : au Grand Arbre, personne n'était jamais le dernier à rire et à s'amuser et les grandes peurs ne duraient jamais très longtemps.

Le rubis de Paulo Crapaud a disparu !

Dans le magasin de Paulo Crapaud, horloger renommé, tout était en ordre, ce matin-là. Les réveils des Fourmi avaient leur grain de riz tout propre ; les réveils des Raton, qui fonctionnaient au fromage, venaient d'être réparés ; le réveil de Bibou Hibou allait bientôt être en parfait état ; il fallait encore repeindre les chiffres de la pendulette d'Élise Lézard avec du vernis à ongles... Et dans la vitrine, les pierres précieuses brillaient comme à l'ordinaire. Il y avait là deux émeraudes qui, dans l'obscurité, ressemblaient à s'y mé-

prendre aux yeux de Mme Chouette ; il y avait les diamants que Mme Ourson regardait avec des yeux grands comme des soucoupes ; il y avait des saphirs aussi bleus que la rivière voisine qui faisaient rêver Mme Raton. Mais il n'y avait pas — Paulo Crapaud venait de s'en apercevoir — le gros rubis, le rubis d'un rouge à faire pâlir tous les feux de la Saint-Jean !

Après un long moment de panique, Paulo Crapaud retrouva son sang-froid et téléphona au Commissaire Hubert Blaireau. Celui-ci arriva très vite, avec des vrombissements de moto. Il était en tenue de commissaire : imperméable blanc et chapeau enfoncé jusqu'aux yeux. Et l'enquête commença.

Bientôt, la nouvelle de cette affaire se répandit comme une traînée de poudre. Les seuls indices étaient les suivants : un petit morceau de tissu bleu qui était resté coincé dans la grille de fermeture du magasin, un morceau de verre cassé, et un peu de poussière blanche dans la vitrine.

Le Commissaire Blaireau commença à interroger tous les habitants du Grand Arbre. La plupart avaient un alibi, d'autres étaient au-dessus de tout soupçon. Tout à coup, Mme Lechat s'écria :

— Mais ce tissu bleu, je le reconnais : c'est un morceau de la robe du soir de Patsie Pie !

Puis le Docteur Taupe déclara que le morceau

de verre venait des jumelles de théâtre de la
même Patsie Pie. Tout semblait l'accuser, et Élise
Lézard ajouta même que la poussière blanche
était en réalité la poudre de riz que Patsie Pie se
mettait sur le bec...

Il ne restait plus au Commissaire Blaireau qu'à monter chez Patsie Pie et à l'arrêter... Bien des habitants du Grand Arbre n'en furent pas mécontents : ils n'aimaient pas Patsie. Seul Pic Pivert la défendit comme un chevalier servant ; il fut aussi le seul à dire que c'était trop facile de soupçonner Patsie sous prétexte que les pies sont des voleuses. Mais personne ne l'écouta, parce qu'on savait bien qu'il était follement amoureux de la belle Patsie...

Le Docteur Taupe, voyant Pic Pivert malheureux, voulut rester avec lui, mais il fut appelé

d'urgence par Mme Ourson : Tinoune, sa fille, avait un affreux mal de dents. Le Docteur Taupe était médecin pour les yeux, mais on faisait quand même appel à lui dès que quelqu'un était malade au Grand Arbre. Il se précipita chez les Ourson, où Tinoune hurlait à en casser les vitres. En mangeant quinze parts de tarte aux cerises, elle s'était coincé un noyau entre deux dents. Le Docteur prit une paire de petites pinces et enleva l'objet, qu'il posa sur la table.

Mais surprise ! ce n'était pas un noyau de cerise... c'était le rubis de Paulo Crapaud, le rubis qui aurait fait pâlir tous les feux de la Saint-Jean !

Toute en pleurs, Tinoune expliqua au Commissaire ce qui s'était passé : elle avait vu une belle cerise toute brillante qui tombait de la poche de

Finaud Fouine. Il essayait de cacher quelque chose sous son manteau bleu, il portait sur le dos un gros sac de farine blanche et fine comme de la poudre. Il était très en colère parce qu'il avait perdu le verre de sa montre.

— Vous n'avez qu'à aller chez Paulo Crapaud ! lui avait dit Tinoune.

Au seul nom de Paulo Crapaud, Finaud Fouine avait fait un bond et l'avait traitée de petite idiote, et puis il était parti à toute allure. Tinoune avait alors ramassé la belle cerise brillante et l'avait mise comme décoration sur la tarte qu'elle avait préparée pour l'anniversaire de sa grand-mère.

Ce récit était la preuve que Patsie Pie était innocente. Les habitants du Grand Arbre ne savaient comment se faire pardonner. Ils envoyèrent à Patsie une gerbe de branches de pêcher avec un petit mot que tout le monde avait signé : « Pardonne-nous, chère Patsie ! »

Et comme Tinoune avait permis au voleur d'être arrêté, on lui décerna une médaille en chocolat qu'elle s'empressa de manger !

Comment un petit incident
se transforme en drame

Élise Lézard et Mme Ourson prenaient le thé en mangeant de délicieux gâteaux de feuilles de châtaigner à la crème fouettée. Mme Ourson fit un geste un peu brusque et renversa la tasse et les gâteaux sur la belle robe de soie d'Élise Lézard. Élise se leva, la tasse tomba et se cassa.

— Quel malheur ! dit Élise.

— Ce n'est qu'un petit incident, dit gentiment Mme Ourson.

Patsie Pie passait par là à ce moment précis et elle s'empressa de tout raconter à Pic Pivert :

— Élise Lézard a cassé exprès trois tasses de Mme Ourson qui s'est fâchée à mort avec elle !

Pic Pivert téléphona immédiatement la nouvelle à son ami Lucas Fourmi :

— Tu sais un peu la dernière ? Élise a lancé à la tête de Mme Ourson six verres en cristal... Mme Ourson a un bleu et trois bosses !

Lucas rapporta à sa femme qu'Élise Lézard et

Mme Ourson s'étaient jeté à la figure un service entier de vaisselle et que Mme Ourson avait été transportée d'urgence à l'hôpital.

Lucie Fourmi, très inquiète, raconta à Boubi Hibou que les deux dames s'étaient battues, qu'elles avaient renversé le buffet de la salle à

manger et que tous les verres et toutes les assiettes y étaient passés. Quant à Mme Ourson, il fallait l'opérer tout de suite...

Au Grand Arbre, tout le monde était effondré devant ce drame. Le Docteur Taupe voulait immédiatement aller au chevet de Mme Ourson ; les Raton achetèrent un beau service tout neuf ; Maria Panda commanda un buffet en merisier et Tino Lelièvre prépara une tisane calmante pour Élise.

Tout le monde approcha prudemment... Ils virent les deux dames qui se disaient gentiment au revoir, en s'embrassant comme les meilleures amies du monde. Ils n'en croyaient pas leurs yeux...

Les fiancés prennent des vacances

La tante Lucile Laluciole était adorée par ses neveux, les petits Fourmi. Elle habitait dans un buisson, tout à côté de l'impasse Clair-Obscur et elle était fiancée avec le beau Lucien, qui travaillait aux feux de signalisation. Quand un de ces feux lui plaisait, Lucien se glissait à l'intérieur et brillait à la place de l'ampoule : avec un gilet rouge, il voulait dire « Rouge, stop ! » et avec un gilet vert « Vert, passez ! »

Lucile faisait tout ce qu'elle pouvait pour rendre service : on avait oublié d'acheter des bougies d'anniversaire ? Lucile avec quelques amies remplaçaient les bougies sur le gâteau d'anniversaire. Les enfants cherchaient des myrtilles ou des champignons cachés sous les feuilles ? Lucile les éclairait pour qu'ils en trouvent tout de suite. Il y avait un match de football la nuit ? Lucile indiquait les

buts de chaque équipe : une lumière longue pour les Ourson, deux lumières brèves pour les Hibou.

Lucile partit en vacances avec son fiancé, pendant dix longues nuits. Son absence était dramatique pour tout le monde. Les enfants, au lieu de

myrtilles, cueillirent des baies sauvages qui avaient un goût d'huile de ricin ; pas de bougies d'anniversaire pour Patou Poisson-Rouge ; les Hibou gagnèrent tous les buts, alors qu'ils n'en avaient marqué aucun. Et comme le beau Lucien était parti avec elle, les feux de signalisation de l'aéroport allaient de travers : deux hélicoptères atterrirent dans le jardin des sœurs Lacane, pensant que c'était une piste d'atterrissage... et dans la rue, le Docteur Taupe fut renversé par un tricycle.

Comme Lucile et le beau Lucien manquaient ! On les supplia de rentrer. Mais les deux fiancés tenaient à leurs vacances.

Une étrange lumière

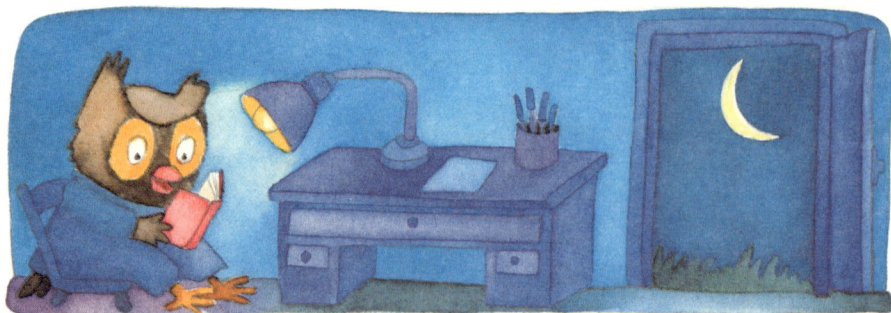

Vers onze heures du soir, Charlotte Lechat se rendit compte soudain que la fenêtre était entrouverte... Cela la mit de très mauvaise humeur. Elle avait l'habitude de dormir dans le noir le plus total et, par cette maudite fenêtre, elle voyait passer un rayon de lumière. Elle voulut réveiller son mari, qui ronflait déjà depuis plus d'une heure. Rien à faire. Il se retourna de l'autre côté et se remit à ronfler encore plus fort qu'avant.

Quand la tante de Topie Taupe, vers les onze heures du soir, se mit à sa coiffeuse pour se brosser les cheveux, elle vit avec surprise que la glace était comme lézardée, aussi finement que si c'étaient les fils d'une toile d'araignée. Elle pensa que sa nièce avait fait cette bêtise, et alla se coucher sans se brosser les cheveux.

Toujours vers les onze heures, Pic Pivert et

Lucas Fourmi décidèrent d'arrêter de jouer aux cartes. Ils regardèrent leur jeu et virent que les cartes étaient bizarrement réparties : des neuf de trèfle et des trois de pique ! Pic Pivert et Lucas Fourmi s'accusèrent mutuellement d'avoir triché. Ils lancèrent les cartes sur la table et allèrent se coucher sans même se dire bonsoir.

Au Grand Arbre, cette nuit-là, il y avait donc

cinq personnes qui ne dormaient pas : Charlotte Lechat qui se retournait sous ses couvertures pour ne plus voir le rayon de lumière, la tante de Topie

Taupe qui préparait un petit sermon à lui faire, et Pic Pivert et Lucas Fourmi qui pensaient, chacun de leur côté : « Je ne peux avoir confiance en personne, pas même en mon meilleur ami. » Ajoutons Boubi Hibou, qui ne dormait jamais la nuit puisqu'il était le gardien de nuit de la maison.

Ils virent tous les cinq ensemble une étrange lumière qui brillait sur la cime du Grand Arbre. Un

peu comme une gigantesque crêpe entièrement recouverte de lucioles... une crêpe volante sus-

pendue dans le ciel ! et qui faisait un bruit, un « bzz, bzz », un peu comme le « bzz, bzz » de l'abeille qui a trouvé ses fleurs préférées.

Charlotte Lechat pensa que c'était un coup de celui qui s'occupait de l'administration du Grand Arbre : il avait mis une lanterne géante, rien que pour lui gâcher ses nuits.

— Saleté ! dit-elle en tirant la langue vers l'étrange lumière.

Celle-ci lui répondit en lui envoyant une assiette

pleine de délicieux haricots verts au beurre... irré-
sistibles...

La tante de Topie Taupe, voyant cette lumière
inondant le ciel, se dit que le Prince Charmant

était venue la chercher et l'emmener dans son
palais. Elle sourit à l'étrange lumière... qui lui
envoya en guise de réponse une belle lumière
bleue. Les cheveux de la tante se mirent à
refléter toutes les couleurs de l'arc-en-ciel.

Pic Pivert, face à l'étrange lumière, pensa :
« C'est mon ami Lucas qui veut faire la paix, il
m'envoie un signal lumineux ! » et il courut à la
fenêtre, avec une petite glace pour lui renvoyer
son signal... Lucas Fourmi, de sa fenêtre faisait
exactement la même chose. De l'étrange lumière
arrivèrent deux lumières rouges : un neuf de pique
tout en argent tomba aux pieds de Pic Pivert... et
un trois de trèfle vert émeraude.

Mais Boubi Hibou ne se laissa pas impres-

sionner par l'étrange lumière. Il était gardien de nuit et devait veiller sur la maison. Il appuya sur toutes les sonnettes en criant dans les interphones :

— Réveillez-vous ! Venez voir la soucoupe volante ! Un OVNI est arrivé chez nous, il faut l'accueillir dignement !

Des fenêtres, les petites têtes sortirent et tout le monde leva la tête et fit « Ooohhh ! » mais un « Ooohhh » si discret qu'on l'entendit à peine.

On ne sait pas exactement ce qui est arrivé après cette nuit-là, parce que les habitants du Grand Arbre jurèrent tous de n'en parler à personne. On sait seulement que les enfants dessinèrent sur la carte du système solaire qui était dans leur classe une mystérieuse Planète Galette, entre Jupiter et le premier anneau de Saturne. On sait aussi que depuis cette nuit-là, les habitants du Grand Arbre se mirent à parler une langue étrange, la « galettine », avec des trilles et des sons de clochettes.

Une naissance chez les Panda

À trois heures du matin, ce lundi-là, Renaud Renard, les frères Lelièvre et Élise Lézard furent réveillés en sursaut par du bruit dans toute la maison : le petit panda qu'attendaient Mario et Maria Panda allait naître... à trois heures du matin. Était-ce bien raisonnable ?

Maria avait vite attrapé un sac, des pantoufles et un petit pull-over ; Mario se dépêchait de sortir la voiture du garage. Il allait très vite conduire Maria à la clinique des Bons-Enfants où étaient nés presque tous les bébés du Grand Arbre.

À tous les étages, les lampes s'allumèrent. C'était une joie pour tous quand un bébé arrivait au Grand Arbre. Mme Ourson fit du café d'orge ; Renaud Renard, pour passer le temps, racontait des histoires de pays lointains ; le Docteur Taupe était sans arrêt au téléphone avec la clinique et donnait des nouvelles fraîches à tout moment. Les Verdeterre portèrent des fleurs et des petits jouets dans la chambre que les Panda avaient préparée pour le bébé. La grand-mère Lechat chercha un vieux disque de berceuses. En somme, c'était un bébé très attendu... Mme Ourson lui avait déjà brodé son initiale sur un petit drap fait d'un pétale de perce-neige. On savait que le bébé s'appellerait Roméo, parce que sa maman avait rêvé à ce joli nom de Roméo.

— Un peu de silence, cria le Docteur Taupe qui parlait au téléphone avec Mario. Je n'entends rien

de ce qu'il me dit... Alors, ça y est ? Roméo est né ?

Tous les amis réunis autour du téléphone se mirent à applaudir avec des cris de joie.

— Silence, encore ! cria le Docteur Taupe. Quoi donc ? Ah, il y a aussi une petite panda ?

— Bravo ! applaudirent les amis, qui étaient ravis à l'idée qu'il y avait des jumeaux et manifestaient doublement leur enthousiasme.

Il y eut une grande fête... interrompue par une autre nouvelle : deux autres petits pandas de plus étaient nés. Il y aurait donc quatre bébés d'un coup au Grand Arbre !

Pour faire deux berceaux, Patsie Pie prêta deux tiroirs de sa commode ; on en fit un autre dans le panier en osier d'Élise Lézard. Les nappes des Fourmi servirent de couvertures, les petites bouteilles d'orangeade des Verdeterre de biberons. Tout était prêt. Il ne manquait plus que les prénoms pour les trois petits... puisque seul Roméo en avait un. Comme le ciel était bleu et rempli d'étoiles, on décida d'appeler les trois petits bébés Ciel-Bleu, Belle-Nuit et Étoile... et tout le monde applaudit de joie !

Un voleur très particulier

Finaud Fouine était un voleur absolument inguérissable. Il se faisait arrêter à intervalles réguliers, toute l'année. Il ne volait pas seulement les objets qui lui plaisaient, comme les bagues de Patsie Pie, l'ordinateur de Tino Lelièvre ou les cailloux en forme de bicyclette que collectionnait avec passion Tinou Ourson... Il volait tout, c'en était fou ! Il volait même le dentier de M. Lechat — alors qu'il avait des dents parfaites.

Mais le vol le plus extraordinaire de ce voleur très particulier arriva le dimanche 36 septembre : par une nuit de lune, il vola tous les parfums et toutes les délicieuses odeurs qui émanaient du Grand Arbre... Finaud Fouine les enferma dans un sac et partit se cacher dans un buisson voisin.

Quel malheur ! Ce soir-là, au Grand Arbre, les soupes de cerises, les coulis de myrtilles et les

compotes de pommes avaient le goût triste du vent de novembre. Plus rien n'avait de goût... on ne pouvait même pas sentir de différence entre un fromage et un abricot. Les habitants du Grand Arbre étaient furieux. Alors le Commissaire Blaireau retrouva la trace de Finaud Fouine, en suivant la poudre parfumée qui était tombée de son sac. Il arrêta Finaud Fouine et le condamna à un régime forcé d'eau de pluie bouillie pendant trois jours.

Comment faire une photo de famille sous l'eau ?

Patou Poisson-Rouge et sa femme voulaient absolument qu'on leur fasse une photo de famille, entourés de leurs enfants. Cette photo serait agrandie et envoyée aux grands-parents, aux oncles, aux tantes, aux cousins germains et issus de germains. Mais personne au Grand Arbre, ne savait comment prendre des photos sous l'eau ! Valentin Cheval essaya de se poster au bord du ruisseau, à genoux sur un petit pont et visa avec son appareil armé d'un flash. Mais ce fut un désastre : des photos complètement floues...

Sans se laisser abattre, les Poisson-Rouge mirent leurs masques à oxygène et posèrent dignement, assis bien droits sur le canapé des Fourmi... mais avec ces horribles masques, comment distinguer un Poisson-Rouge d'un autre Poisson-Rouge ?

L'affaire devenait sérieuse. Heureusement, Riki Ecureuil était là... Il plongea à plusieurs reprises dans l'eau. Et chaque fois qu'il remontait à l'air libre, il peignait de mémoire l'un des Poisson-Rouge. Il exécuta un portrait de famille éblouissant, peint avec des couleurs à l'huile d'olive et de tournesol.

Ce portrait était si beau que les Poisson-Rouge ne purent même pas l'emporter chez eux : il fut immédiatement remarqué par un célèbre marchand de tableaux qui l'acheta et en fit don au Musée des Artistes Écureuils.

Un anniversaire
tout à fait exceptionnel

Ce jour-là, les enfants du Grand Arbre se dépêchèrent de rentrer à la maison. Ils ne prirent pas le temps comme d'habitude de se donner des coups de pied, de se pousser dans les caniveaux, de se prendre leur goûter. Ils se chuchotaient quelque chose de tout à fait secret dans l'oreille. Leurs parents aussi avaient oublié ce jour-là de se disputer à propos d'un match de tennis, de critiquer les vêtements de Patsie Pie... Ils se parlaient à voix basse, comme s'ils avaient peur de réveiller un bébé qui dort.

C'est qu'il y avait un grand événement à préparer dans le plus grand secret : une fête tout à fait exceptionnelle pour un anniversaire tout à fait exceptionnel ! On n'allait pas fêter le huitième dentier de M. Lechat... ni l'anniversaire de Tinoune Ourson qui voulait toujours manger les bougies de son gâteau. Ce n'était pas non plus l'anniversaire de mariage de Boubi Hibou et de Mme Chouette — ils allaient chaque année le fêter tous les deux à l'« Ange Bleu » comme deux amoureux. C'était tout simplement l'anniversaire du Grand Arbre ! On ne lui fêtait que tous les cent ans, et aujourd'hui, le Grand Arbre — le plus beau, le plus grand, le plus vieux de tous — allait avoir mille cinq cents ans !

Pendant toute sa longue vie, il avait toujours été très aimé et quelques-uns de ses anniversaires lui avaient été souhaités par des personnages célè-

PORTE VITE CE CADEAU D'ANNIVERSAIRE AU GRAND ARBRE

Pour le Grand Arbre

bres. Napoléon lui avait envoyé une très belle carte de vœux et une montre-gousset. C'était un peu difficile pour le Grand Arbre de porter une montre-gousset, alors on avait accroché la montre à la branche la plus haute de l'arbre, tout à côté du grenier de Patsie Pie. La montre se balançait au souffle du vent et, avec les années, elle avait perdu ses aiguilles.

Tous les habitants du Grand Arbre l'aimaient un peu comme s'il avait été leur arrière-grand-père. Ils le trouvaient mystérieux, chargé de souvenirs, de lointains pays, de découvertes, de richesses...

Notre beau vieillard, ce jour-là, sommeillait en jetant un œil de temps en temps vers les nuages et ne se doutait pas de tout de ce qui allait se passer. Tout à coup, vers le soir, il fut très surpris de voir que tout le monde était parti et l'avait laissé seul. Oui, tout le monde, même le gardien de nuit Boubi Hibou, même Régine Raton qui restait rivée devant sa télévision à l'heure du feuilleton, même Grigri Lechat qui devait rester au lit,

cloué par un mal de moustaches... Il n'y avait plus personne... Pas un bruit, sauf le murmure du vent.

Puis il y eut une agitation dans les buissons des alentours. Le Grand Arbre aperçut le carrosse des Elfes — que M. Ourson avait loué trois mille bonbons l'heure. Il y avait des bougies sur le carrosse, des étincelles et un ruisseau de coulis de framboises... Mille cinq cents lumières, mille cinq cents gouttes de coulis de framboises...

Et tout le monde applaudissait et criait de toutes ses forces :

— Vive le Grand Arbre. Vive le Grand Arbre !

Une superbe tarte de rosée et de sucre filé fut emportée dans les airs par la montgolfière que l'oncle Mick Mack avait laissée dans le pré. Quand elle fut arrivée à la cime du Grand Arbre, mille cinq cents étoiles filantes traversèrent le ciel et la tarte s'ouvrit en mille cinq cents perles de rosée qui glissèrent sur les feuilles.

Le Grand Arbre but les perles de rosée une à une... Pendant ce temps-là, tous ses amis faisaient le tour de son tronc pour l'embrasser, et ce n'était pas une mince affaire que d'embrasser un aussi énorme tronc ! Mais embrasser un vieil ami de mille cinq cents ans, cela vaut bien tous les efforts du monde.

Un grand défilé de mode

Roger Raton, le célèbre tailleur, avait un projet très ambitieux : il voulait organiser un grand défilé de mode, avec les plus beaux modèles qu'il avait créés tout au long de sa brillante carrière.

Il commença par chercher ses dessins, puis il écrivit à ses clients les plus célèbres, leur demandant de bien vouloir lui prêter pour quelques jours les vêtements qu'il avait faits pour eux. Il confectionna une grande banderole de soie sur laquelle il écrivit : « Grand défilé des super-modèles de l'illustre tailleur Roger Raton. »

Le défilé eut lieu sur une estrade de bois prêtée par les sœurs Lacane. On l'installa entre deux troncs d'arbre, et le défilé commença : Véra Verdeterre en robe de cocktail ; Mme Chouette en grande robe du soir ; Grigri Lechat avec sa collection de nœuds papillons ; et enfin, le Capitaine

Loulou Leloup, qui était l'élégance même... Le premier prix fut décerné à la paire de bretelles que Roger Raton avait dessinée dix ans auparavant pour le directeur des bateaux-mouches.

Patsie Pie devait présenter son chapeau garni de fraises et de groseilles. Mais elle était si gourmande qu'elle picora petit à petit les fraises et les groseilles... Elle apparut simplement avec le fond de paille du chapeau sur lequel il restait les queues et les feuilles des fraises et des groseilles. Tout le monde s'écria :

— Quel chapeau original !

Et Patsie Pie obtint le deuxième prix du défilé !

Qui va gagner au « Risquetout » ?

Par un beau soir de février, Grace Grenouille était confortablement installée dans un fauteuil devant son poste de télévision. Elle regardait son émission préférée, le jeu du « Risquetout ». Elle était morte de fatigue car ce jour-là, sa tournée de postière avait été particulièrement épuisante : elle avait porté sur sa bicyclette rouge quatre-vingt-dix lettres, vingt-sept cartes postales et quinze paquets. Mais rien n'aurait pu l'empêcher de regarder son jeu préféré... Le concurrent expert en botanique ne devina que deux espèces de fleurs ; la concurrente spécialiste des billes confondit lamentablement des billes de verre avec des billes de plastique et le présentateur lui fit bien sentir que ses réponses étaient nulles.

Puis ce furent les questions concernant les rois et les reines. Pas un seul candidat n'était volontaire, les questions étaient trop difficiles. On montra sur l'écran les profils à deviner... Grace Grenouille fit un bond : elle les connaissait tous ! Elle les voyait tous les jours sur les timbres des lettres, des cartes, des paquets qu'elle distribuait. Oui, elle reconnaissait leur couronne, leur visage, la forme de leur nez ou de leur menton ! Alors, elle se précipita sur son téléphone et donna toutes les bonnes réponses aux questions du « Risque-tout ». Elle gagna trois sacs de marrons et une croisière sur le Long Fleuve Salé.

Valentin Cheval veut faire...
du cheval !

Valentin Cheval, qui transportait aimablement sur son dos ses amis du Grand Arbre quand ils voulaient se promener, avait un désir qui semblait impossible : il voulait faire... du cheval ! Mais comment un cheval pourrait-il faire du cheval ?

Riki Écureuil, qui était un merveilleux peintre, eut l'idée de dessiner un cheval, le plus ressemblant possible. Titi Asticot, le sculpteur, l'exécuta en bois. Le tailleur Roger Raton le recouvrit d'un velours très doux de couleur marron glacé et Patsie Pie prêta ses boucles d'oreilles d'émeraude pour lui faire de beaux yeux verts. Les frères Lelièvre, nos inventeurs de génie, trouvèrent un système pour faire bouger le cheval : ils cachèrent une pile dans son ventre, et le cheval se mit à remuer, tourner la tête, se balancer tellement doucement qu'on l'appela « petit cheval à bascule ».

On lui attacha un gros nœud rouge à la crinière et à la queue, comme tout cadeau digne de ce nom, puis on le porta en cachette devant la porte de Valentin. Comme il fut heureux de ce cadeau ! Il l'enfourcha immédiatement et partit faire une

grande promenade dans les champs. Il avait des amis dans le monde entier ; à tous il décrivit ce cadeau merveilleux qu'il avait reçu. Et tous ses amis n'eurent plus qu'une idée en tête : se fabriquer un cheval à bascule. En moins d'une semaine, les frères Lelièvre expédièrent plus de mille petits moteurs de leur invention, du pôle Nord au pôle Sud !

Depuis ce jour-là, les enfants du monde entier, avant de savoir marcher, font de grandes galopades sur leur cheval à bascule...

Un cambriolage chez Léonard Leloir

Le capitaine des pompiers Loulou Leloup avait un grave souci dans la vie : Lutin Leloup, son cousin au quinzième degré, était un voleur et le déshonneur de sa famille. Ce soir-là, il faisait un temps glacial et tout le monde dormait et rêvait, chacun à sa manière. Mais Lutin ne dormait pas, il préparait un coup. Il avait décidé de cambrioler la maison de Léonard Leloir, le concierge de l'école, qui habitait non loin du Grand Arbre et était toujours en retard.

Lutin Leloup s'habilla tout en noir, mit des gants pour ne pas laisser d'empreintes et mit un masque noir... puis il se glissa dans la nuit jusqu'au numéro 3 de la rue des Dormeurs. Là, il fit sauter la serrure en un tournemain et monta les escaliers quatre à quatre jusqu'à la chambre de Léonard.

Il n'avait aucune chance de le trouver chez lui — Léonard sortait en retard et rentrait encore plus en retard.

Lutin alluma sa lampe électrique... et vit Léonard qui dormait dans son lit, rouge de fièvre. Il avait un thermomètre dans la bouche et un bol de bouillon de légumes sur la chaise qui lui servait de table de nuit. Lutin jeta un coup d'œil dans la chambre : sur la table, un bocal rempli de camomille et des petits journaux illustrés ; par terre, un pot de chambre bleu, des fraises rouges et un compas qui dessinait des cercles tout tordus ; et au mur était accroché son uniforme de concierge de l'école.

— Malheur de malheur de malheur ! s'exclama Lutin qui en bafouillait d'émotion.

Puis il sortit de sa poche deux billets de cinquante francs et les glissa sous le compas, il posa à côté du bol de bouillon le petit casse-croûte que sa maman lui avait préparé... puis il sortit à toute vitesse pour ne pas être reconnu. On a beau être un voleur, on a quand même une réputation à défendre !

L'arrivée d'un célèbre producteur de cinéma

Au bord de l'étang qui était tout près du Grand Arbre, vint un jour le célèbre producteur des films « Le Loup d'or », qui était un cousin éloigné du Capitaine Loulou Leloup. Il s'était installé au bord de l'étang, espérant ainsi guérir ses rhumatismes et retrouver au bon air le goût du travail qu'il avait perdu... Il planta sur la rive son fauteuil en toile, comme en ont tous les producteurs. Il mit un superbe pull-over rayé et des lunettes noires pour s'abriter des regards indiscrets.

Notre producteur voulait avoir la paix, mais il aurait dû choisir un autre endroit. Mme Chouette, dont le rêve était de devenir chanteuse, se mit à s'agiter autour de lui, en changeant de robe toutes les cinq minutes. Les frères Verdeterre, qui étaient comédiens et mimes, se glissaient par-dessus et par-dessous son fauteuil pour lui montrer un échantillon de leurs acrobaties. Et Patsie Pie lui récitait sans se lasser tous les poèmes qu'elle connaissait...

Alors notre producteur n'eut plus qu'une solution : fuir discrètement pendant la nuit. Il préférait encore ses rhumatismes à ce vacarme incessant autour de lui. Et nos amis du Grand Arbre, en son honneur, construisirent juste à l'endroit où il avait planté son fauteuil de producteur un luxueux cinéma : « Le Super Loup d'or ». Ils y allèrent régulièrement, toutes les fois qu'ils voulaient voir un beau film.

Jeux olympiques au Grand Arbre

Trois mois à l'avance, les habitants du Grand Arbre se préparaient aux Jeux olympiques. On ne travaillait plus le matin, on se consacrait à l'entraînement. Dans l'escalier, la famille Taupe au grand complet, en tenue de gymnastique, montait quatre à quatre les marches. Dans la cour, les Verdeterre jouaient au basket-ball avec des grains de blé et les Fourmi s'exerçaient aux poids et haltères. Sans oublier Tino Lelièvre, qui faisait des « pompes » pour réduire la taille de son ventre un peu rond à cause des confitures de carottes, et Élise Lézard qui plongeait sans arrêt pour améliorer son style... même dans la première baignoire venue !

Il faut dire que les adversaires étaient de taille : les Bichon et les Cerfin des montagnes, les Faucon et les Aiglon des vallées ; le célèbre Coco Crocodile, champion de crawl, et la non moins célèbre

Ginette Girafe, championne d'allongement du cou.

Le premier jour des compétitions, tout commença mal : Bel-Œil Taupe, furieux de constater que son adversaire Louison Aiglon était mieux habillé que lui, perdit la tête et lui donna un coup de poing. Il fut immédiatement disqualifié et l'arbitre, le Capitaine Leloup, eut bien du mal à rétablir l'ordre.

La première épreuve, celle du saut périlleux, pouvait commencer. Il fallait être d'une agilité extrême, et tout le monde, au Grand Arbre, se vantait d'être très agile. Mais le grand vainqueur

fut Zano Faisan : il avait bu un peu trop de rosée du marais... il avait la tête qui lui tournait et avait pu faire des sauts périlleux sans s'en rendre vraiment compte.

Ensuite, ce fut la course à reculons. Le vainqueur fut Pic Pivert, qui avait une grande pratique de la chose : il se sauvait à reculons dès que Patsie Pie lui lançait quelque chose à la tête, et cela arrivait bien souvent.

Dans le lancer de radis, le suspense fut très grand : on ne put finalement départager entre Serge Cerfin, qui avait lancé son radis si loin que personne ne savait où il était tombé, et Tino Lelièvre qui avait mangé le sien en cachette ; ils furent vainqueurs tous les deux. Puis tout le monde se dirigea vers l'étang, pour assister au match de ballon sous l'eau.

Les Poisson-Rouge remportèrent le match sans grande difficulté : Patou, qui était centre gauche,

marqua cent dix-huit buts ! On lui fit un triomphe. Tout le monde plongea dans l'étang et le désordre fut à son comble... on dut annuler la compétition de crawl. À la grande fureur de Coco Crocodile

qui hurla que lui n'était pas disposé à se laisser traiter de la sorte et qu'il allait appeler son avocat, mais personne ne l'écoutait...

Il y eut pour finir la glissade sur l'herbe. Loui-sette Aiglon la gagna, mais au lieu de glisser, elle rasait le sol de ses ailes et personne ne s'en rendit compte. Puis la remise des médailles : sur huit vainqueurs, trois étaient des habitants du Grand Arbre. Quel succès ! Pic Pivert gagna une médaille de feuilles de jasmin, Patou Poisson-Rouge une médaille en biscuit, Tino Lelièvre dut partager sa médaille de radis avec Serge Cerfin. Pendant que

Serge se faisait applaudir, Tino glissa la médaille dans sa poche. Il fit semblant de l'avoir perdue, et il la garda pour lui tout seul.

Les trois champions furent portés en triomphe, et dans la cour, on fit un grand banquet qui se prolongea tard dans la nuit. Grigri Lechat, debout sur une chaise, récita un de ses poèmes :

— Ils ont gagné aux Jeux olympiques ! Nos amis sont fantastiques !

Et Patsie Pie fut adorable avec Pic Pivert. Pendant tout le banquet, elle lui murmura à l'oreille :

— Mon champion adoré...

Un départ très romantique

Éva Lataupe, dite « la ravageuse », surprit un jour tous les habitants du Grand Arbre en déclarant qu'elle allait les quitter pour toujours. Au début, personne ne prit cette déclaration au sérieux. Comment croire une personne qui est si distraite qu'elle met son pyjama par-dessus son manteau... ou qui met son sac sur sa tête, croyant que c'est un chapeau ?

Mais Éva leur montra un paquet de lettres d'amour entouré de lierre : c'étaient les lettres que Couki Coucou lui avait écrites pendant plus d'un an. Il faut rappeler que Couki était parti vivre sur une île déserte avec des palmiers, du sable, des coquillages et des perles. Il demandait à Éva de venir le rejoindre dans son île. Il voulait qu'ils vivent ensemble dans une petite maison faite de pousses de bambou et d'écorce d'ananas. Il avait fallu à Éva, distraite comme toujours, au moins huit lettres d'amour pour se rappeler qui était Couki Coucou... Mais quand ce fut fait, elle lui répondit dans le plus grand secret.

Éva était prête à partir. Elle dit au revoir à tous ses amis et monta à bord d'un bateau à destination de l'île lointaine. Elle partait vers le bonheur. Et comme c'était une romantique, elle versa quelques larmes qu'elle essuya avec la manche de son pyjama, car à son habitude elle avait oublié son mouchoir !

Les enveloppes magiques

Par une belle matinée ensoleillée, Grace Grenouille, la postière — qui, comme toutes les pos-
tières, avait une bicyclette rouge — s'arrêta
devant le Grand Arbre, très troublée par ce qui
venait de lui arriver. Elle transportait le sac du
courrier, comme d'habitude, et pédalait allégre-
ment quand tout à coup, elle sentit que ce sac se
mettait à rire, et la chatouillait à force de se
tordre de rire... et on sait que les grenouilles sont
chatouilleuses ! Elle déposa dans chaque boîte
aux lettres du Grand Arbre une enveloppe de couleur différente, avec l'adresse écrite en argent et
une fraise des bois en guise de timbre... Chaque
enveloppe se tordait littéralement de rire !

La première personne qui ouvrit sa lettre fut
Mme Ourson, qui était encore en robe de

chambre, car elle venait de porter ses poubelles dehors. Elle ouvrit l'enveloppe et entendit une petite musique qui disait : « Élise Lézard et Tino Lelièvre vont se marier lundi à huit heures, ou plutôt à neuf. »

La deuxième personne, ce fut Renaud Renard, qui avait veillé toute la nuit pour écrire le dernier chapitre de son roman. Il ouvrit son enveloppe de velours bleu nuit et des gouttes de toutes les couleurs de l'arc-en-ciel se répandirent sur la première page de son roman. Les gouttes formaient les

mots suivants : « Élise Lézard et Tino s'aiment et se marient lundi. Vous êtes invité à la noce. »

Puis ce fut le tour de Pic Pivert : avec une enveloppe d'un vert clair transparent et des papillons jaunes qui volaient de tous côtés.

Le lundi matin, devant le Grand Arbre, tout le monde était réuni : chacun avait mis sa tenue de fête. On sortait de chez le tailleur et de chez le coiffeur pour être impeccable.

Élise Lézard apparut enfin, dans une merveilleuse robe faite de pétales de nénuphar. Elle était au bras de Tino qui avait mis un cristal de neige à sa boutonnière. Les enfants leur lancèrent des grains de riz et des pétales de jasmin. Lucile Laluciole et toutes ses amies les entouraient en brillant de leur douce lumière. Tout était tellement beau et tellement émouvant... Leurs amis versèrent des larmes de joie et d'émotion et les séchèrent avec des mouchoirs violets parfumés à la lavande.

Les poèmes de Colette Lacane

Colette Lacane aimait la poésie. Elle avait recopié sept mille neuf cent vingt-trois poèmes sur huit énormes cahiers à la couverture vert pomme. Elle avait donné un titre à l'ensemble : « Les poèmes ainsi s'en vont, je les copie, d'autres les font. » Mais comme elle était très timide, elle n'osait les lire à personne, sauf à son ami Renaud Renard.

Ce jour-là, Renaud Renard engloutissait l'un après l'autre les dix-huit éclairs à la crème de son goûter. Colette Lacane lui récitait, d'un ton inspiré, une poésie dont le thème était le suivant : une maman cane avait un fils qui mangeait très salement. Elle lui faisait d'amers reproches :

« Je vais me fâcher / Mon fils est trop sale / Sur son bec très pâle / Des pâtes sont collées... »

Quand Colette eut fini, des applaudissements éclatèrent. Les Fourmi, les Poisson-Rouge, les

Taupe et les Panda avaient tout écouté par la fenêtre qui donnait dehors.

— Bravo ! Formidable ! Encore ! criaient-ils.

Le directeur de la radio locale lui offrit de participer à une émission intitulée « Amis de la poésie, bonsoir ! »

À partir de ce jour-là, Colette Lacane lut des poèmes à la radio. Puis elle prit son courage d'une main et sa plume de l'autre : elle se mit à écrire elle-même de superbes poèmes.

SILENCE !

Une histoire de bal

Tous les mardis soir, tout près du Grand Arbre, les lumières du dancing « La patte de velours » commençaient à s'allumer. C'était une enseigne au néon : quand elle s'allumait en rose, on aurait dit la patte d'une panthère ; quand elle s'allumait en bleu, celle d'un petit chat. Dans ce dancing se retrouvaient tous les danseurs les plus intrépides du Grand Arbre. Ils s'arrêtaient de danser seulement quand Boubi Hibou éteignait sa lanterne : le jour était levé...

Toutes les petites dames qui allaient au dancing espéraient être invitées à danser par le capitaine des pompiers Loulou Leloup. C'était un pompier courageux qui sautait dans les flammes, c'était un très bel homme et, surtout, le meilleur danseur du Grand Arbre. Et comme il était délicat, il invitait toutes les petites dames, Maria Panda, Mme Taupe et Mme Chouette dont les maris n'étaient pas de bons danseurs.

Ce soir-là, sur la piste, les petites pattes et les petites queues s'agitaient au rythme endiablé de l'orchestre. On avait allumé les bougies. Le capitaine Leloup se leva brusquement, abandonnant

son jus de persil. Il regarda autour de lui. Toutes les petites dames avaient le cœur qui battait. « Il va m'inviter à danser », pensaient-elles.

Il traversa la salle en silence, adressa un pâle

sourire à Régine Raton puis s'arrêta net : il avait vu arriver Paulette Lacane, son ancienne amoureuse des temps passés. Elle ne venait jamais danser à « La patte de velours »... elle était simplement venue reprendre un châle de soie qu'elle avait prêté à Giselle Loie.

Très ému et sans dire un mot, le capitaine l'invita à danser. Elle avait été de loin la meilleure danseuse du Grand Arbre, mais cela faisait si longtemps qu'elle avait bien oublié... Les deux amoureux dansèrent et dansèrent encore... Tous les autres s'arrêtèrent pour les regarder et leur laisser toute la piste de danse. Nos amoureux, eux, ne s'arrêtaient plus...

C'était le matin, le ciel devenait doré comme un abricot. Le Capitaine Leloup s'inclina devant Paulette et lui baisa la main ; elle lui sourit et lui passa à la boutonnière une petite branche de lilas...

Le premier vol de Chouchou Hibou

Depuis plusieurs jours, les parents de Chouchou Hibou pensaient que le moment était venu pour que leur fils fasse son premier vol. Ils choisirent une branche pas très haute d'où il pourrait se lancer facilement. On lui confectionna une tenue de vol toute jaune et un petit parachute taillé dans une feuille de chêne ; d'une demi-coque de noisette, on lui fit un casque anti-tempête et, pour qu'il ne soit pas ébloui par le soleil, on lui mit sur le bec des lunettes avec des verres fumés.

Et Chouchou fit son premier vol. Il partit de la troisième feuille à gauche. Sa famille criait pour l'encourager. Il flotta un peu dans l'air, dévia vers le balcon des Panda ; son parachute s'accrocha et il continua son vol sans parachute. Il obliqua vers l'ouest, tout près de la haute branche où était accrochée la montre-gousset du Grand Arbre. Il se tapa la tête contre la montre et, tout étourdi, arriva dans la cuisine d'Élise Lézard. Elle préparait un soufflé ; il tomba dedans, la tête la première, comme une grosse cerise confite !

Chouchou pensa qu'il avait assez volé pour la journée... il se lécha les plumes, ravi de ce goûter inattendu mais bien mérité.

Un oncle de légende

Rita Raton voulait apprendre au moins dix-neuf langues étrangères. D'abord, pour une femme-cosmonaute — ce qu'elle voulait être plus tard —, il fallait absolument parler des langues étrangères ; ensuite, elle voulait comprendre parfaitement la langue des cigognes qui arrivaient du sud ; et enfin, elle espérait rencontrer un Prince Charmant venu d'un pays lointain...

Ses parents, après bien des hésitations, se décidèrent enfin à l'envoyer chez son oncle Mick Mack, cet oncle de légende qui était parti tout enfant du Grand Arbre et que personne n'avait revu depuis... Mais l'oncle était resté très fidèle à son arbre et à ses habitants : il leur envoyait des cadeaux de Noël, en particulier à Rita qui était sa nièce préférée.

Rita partit, avec sa petite valise rouge, remplie

de boucles d'oreilles qui étaient sa grande pas-sion. Elle promit de revenir avec toutes sortes de photos de l'oncle mystérieux que tout le monde avait hâte de connaître.

Elle passa un mois de rêve, dans une grande maison toute blanche bordée de dunes fleuries de lys sauvages. Puis elle revint, la queue toute bronzée et les yeux pleins de rêves... De son

oncle, elle avait tant de choses à raconter : ses affaires, ses promenades avec lui sur la plage...

— Et ces photos de l'oncle, tu nous les montres ?

— J'en ai des quantités, répondit Rita.

Elle ouvrit sa valise. Mais de sa valise s'échappèrent des dizaines de papillons bleus... chacun s'envola avec une photo.

Pic Pivert crut apercevoir une photo avec deux plumes ; Mme Chouette jura qu'elle avait vu un bec ; M. Ourson avait reconnu une forme de cylindre sur la dernière photo envolée... Et l'oncle resta un oncle de légende qu'on ne pouvait pas imaginer...

Et personne n'osa demander à Rita comment était l'oncle. Elle était si fantaisiste, comment l'aurait-elle décrit ? Et puis, il faut toujours garder dans sa tête un petit coin de mystère...

Un livre sur le Grand Arbre

Riki Écureuil faisait de merveilleux dessins ; Renaud Renard inventait de superbes histoires. Ils décidèrent de réunir leurs talents pour faire une surprise à tous les enfants du Grand Arbre : ils allaient écrire leurs aventures, celles de leurs amis, de leurs cousins, de leurs voisins.

Pour ne pas être dérangés dans leur travail, les deux amis se réfugièrent dans un vieux tronc inhabité de la rue de la Clairière. Riki apporta ses crayons et ses pinceaux ; Renaud du papier et sa machine à écrire. Ils travaillaient si activement que leurs idées sortaient de leur tête comme des feux follets et volaient dans l'air sous forme d'étincelles. À chaque étincelle d'argent, la queue de Renaud Renard qui était frisée devenait raide ; et à chaque étincelle turquoise, la queue de Riki qui était raide se mettait à friser. C'était en quelque sorte un échange d'idées... et de queues !

Quand les histoires furent terminées, nos deux

amis portèrent leur livre aux enfants du Grand Arbre, qui en furent absolument ravis : Firmin Fourmi le lut d'une traite, Tinoune Ourson regarda

toutes les images et Chouchou Hibou s'endormit avec le livre sous son oreiller.

Les plus grands regardèrent le livre en cachette : Pic Pivert se leva la nuit pour voir si Riki l'avait dessiné aussi beau qu'il était en vrai ; Patsie Pie, furieuse, refusa de se reconnaître dans le portrait qu'ils avaient fait de sa personne ; les Panda le lurent à leurs quatre bébés ; le Capitaine Leloup en fit une lecture sur l'échelle des pompiers ; les Raton sablèrent le champagne sur la couverture du livre. De l'autre côté de l'Océan, l'oncle Mick Mack envoya un télégramme de félicitations.

Puis la nuit tomba sur le Grand Arbre !

TABLE

Le Grand Arbre

PIC

PATSIE

Patsie

BOUBI

HIBOU

LES FRÈRES LELIÈVRE

TINO ET TITO

ELISE LÉZARD

RIKI ÉCUREUIL

MARIA PANDA

GRIGRI

TEINTURERIE OURSON

PAULO CRAPAUD Horloger

LE CHAT

LE LOUP

RENAUD RENARD

MADAME OURSON

RATON TAILLEUR

VERDETERRE

BLAIREAU

GARDIEN DE NUIT

TRANSPORT ÉCUREUIL

Docteur TAUPE

RITA

VICTOR

FIRMIN ET SES DEUX FRÈRES